Sprachen entdecken – Sprachen vergleichen

Kopiervorlagen
zum sprachenübergreifenden Lernen
Deutsch, Englisch, Französisch, Russisch, Latein

Herausgeberin Ursula Behr

VOLK UND WISSEN

Sprachen entdecken – Sprachen vergleichen

Kopiervorlagen zum sprachenübergreifenden Lernen
Deutsch, Englisch, Französisch, Russisch, Latein

Herausgeberin: Ursula Behr

Autorinnen und Autoren:
Ursula Behr, Petra Bohn, Bärbel Flaig, Dagmar Graulich, Peter Hallpap,
Hannelore Heusinger, Annegret Jünemann, Christina Kaufmann,
Angela Kraft, Karina Kruse, Giesela Mohring, Roland Petersohn,
Sabine Sachse, Heidrun Wenke, Angelika Wilke
Beratung: Gudrun Heyer

Redaktion: Regina Riemann
Illustrationen: Uta Bettzieche
Umschlaggestaltung: Sabine Matthes
Layout: Checkplot

http://www.cornelsen.de

http://www.vwv.de

1. Auflage, 1. Druck 2005

© 2005 Cornelsen Verlag, Berlin

Druck: Druckhaus Berlin-Mitte

ISBN 3-06-502310-5

Bestellnummer 5023105

Gedruckt auf Recyclingpapier, hergestellt aus 100 % Altpapier.

Zum Anliegen der Materialsammlung

Das vorliegende Material möchte Sprachlehrer[1] dabei unterstützen, sprachliches Schubkastenlehren und -lernen aufzubrechen, Synergien zwischen Mutter- und erlernten Fremdsprachen aufzubauen sowie entdeckendes Lernen und reflektives Handeln zu fördern. In diesem Zusammenhang soll auch die Kooperation der Sprachlehrer angeregt werden.

Das Material versteht sich dabei als punktueller Impulsgeber für
– die Sensibilisierung zu sprachenübergreifendem Lernen und
– dessen praktische Umsetzung im Fremdsprachenunterricht der Sekundarstufe I.

Die Impulsgeberfunktion ist in zweierlei Richtung zu sehen:
1. Die Materialsammlung erhebt nicht den Anspruch auf Vollständigkeit. Anregungen für sprachenübergreifendes Lernen werden ausschließlich gegeben im Kontext des 1. bzw. 2. Lernjahres der zweiten Fremdsprache. Die Auswahl der konkreten Beispiele berücksichtigt die Altersspezifik und das Weltwissen von Schülern dieser Altersstufe und zwar schulartunabhängig.
2. Die Impulse sind vorrangig gerichtet auf die Förderung von Sprachlernbewusstheit, die dazu führen soll, dass der Lerner sein verfügbares sprachliches, soziokulturelles und strategisches Wissen in Mutter- und Fremdsprache(n) bewusster wahrnimmt, reflektiert, miteinander verknüpft und für das Verstehen und Sich-Verständigen in der Fremdsprache nutzt. Dies soll mit dem Einsetzen der zweiten Fremdsprache eine besondere Betonung erfahren.

Durch die reflektierende Betrachtung ausgewählter sprachlicher und soziokultureller Erscheinungen soll beim Schüler ein Erkenntniszuwachs bezüglich des Funktionierens von Sprache(n), der Nützlichkeit von Vorkenntnissen und Transferprozessen beim Sprachenlernen angestrebt werden.

Zu Inhalt und Aufbau

Es werden punktuelle Impulse gegeben
– zur Wahrnehmung und Reflexion von Sprach- und Kulturverwandtschaften
– zum Erkennen der Funktionalität grammatischer Erscheinungen
– zum Erkennen sprachlicher und nichtsprachlicher Rituale
– zur Entwicklung und Nutzung von Transferstrategien.

Die Übungsanregungen
– sind lehrwerkunabhängig und ebenso
– schulartunabhängig konzipiert,
– richten den Blick zeitgleich auf mehrere Sprachen (Deutsch, Englisch, Französisch, Russisch, Latein),
– sind kontrastiv angelegt,
  zielen auf den zwischensprachlichen Vergleich.

Die Übungsanregungen für einzelne sprachliche Phänomene stellen jeweils ein in sich geschlossenes Ganzes dar, in dem einzelne Übungsschritte aufeinander aufbauen. Dennoch muss nicht zwingend alles lückenlos abgearbeitet werden. Denkbar sind auch Ergänzungen oder projektartige Vertiefungen in Abhängigkeit vom Unterrichtsziel oder vom Interesse der Schüler. Für die einzelnen Übungsanregungen erfolgen daher auch keine zeitlichen Vorgaben.

Angesichts der unterschiedlichen sprachlichen Voraussetzungen in der ersten und zweiten Fremdsprache werden alle Arbeitsanweisungen in deutscher Sprache gegeben.
Die Materialsammlung ist für die Hand des Lehrers vorgesehen, wobei die Übungsaufbereitung die Nutzung als Kopiervorlage vorsieht. Für Übungen sind z. T. Lösungshinweise oder Lehrerkommentare mit Anmerkungen zu alternativen oder weiterführenden Vorgehensweisen beigefügt. Mit dem Angebot von Lösungen soll einerseits der Vorbereitungsaufwand für den Lehrer minimiert werden, andererseits können die Lösungshinweise auch den Schülern zur Selbstkontrolle zur Verfügung gestellt werden.

Zu den Übungen

Die Übungen initiieren schwerpunktmäßig Schülertätigkeiten mit vergleichender Dimension, wie: Ordnen, Unterscheiden, Vergleichen, Identifizieren, Analysieren, Kontrastieren, Analogien bilden, merkmalgestütztes Erraten, Reflektieren. Dies erfolgt jeweils in Bezug auf konkrete sprachliche bzw. nichtsprachliche Phänomene mit unterschiedlicher Schwerpunktsetzung und Ausprägung. Das Übungsangebot bezieht unterschiedliche Sozialformen ein, d. h. es erfolgen Anregungen für die Einzel-, die Partner- sowie für die Gruppenarbeit. Grundsätzlich können die als Einzelarbeit ausgewiesenen Übungen auch für kooperative Lernformen genutzt werden.
Eine Reihe von Übungen ist auch für das Stationenlernen geeignet.

Zum Einsatz

Die Übungsanregungen richten den Blick des Schülers stets zeitgleich auf mehrere Sprachen. Dabei obliegt es der Lehrkraft zu entscheiden, ob die von den Schülern nicht gelernte Fremdsprache (Französisch, Russisch, Latein) in die sprachenübergreifende Arbeit in jedem Fall einbezogen wird und entsprechende Übungsteile absolviert oder weggelassen werden.
Auch die Einbeziehung anderer oder weiterer Fremdsprachen, inkl. der Herkunftssprachen von Schülern ist möglich. Die Erprobung des Materials in 18 Thüringer Regelschulen und Gymnasien zeigte, dass Schüler sich mit Interesse auch Sprachen widmen, die sie nicht im Unterricht lernen.
Grundsätzlich ermöglicht die Materialkonzeption einerseits den Einsatz im Französisch-, Russisch- oder Lateinunterricht, indem aus der Sicht der jeweiligen zweiten Fremdsprache entsprechende Verbindungen vor allem zu Englisch oder Deutsch hergestellt werden.
Die Nutzung des Materials im Englischunterricht bietet andererseits die Chance, den Sprachvergleich auf eine breitere Basis zu stellen und dabei gleichermaßen Französisch, Russisch, Latein und Deutsch mit einzubeziehen. Es hat einen besonderen Reiz, wenn Schüler gemeinsam arbeiten und dabei Wissen aus unterschiedlichen zweiten Fremdsprachen einbringen können. Da das Material die Muttersprache Deutsch als Vergleichsbasis heranzieht, kann es grundsätzlich ebenso im Deutschunterricht eingesetzt werden, auch hier mit der Möglichkeit, in den Sprachvergleich mehrere Sprachen einbeziehen zu können. Schließlich können die Angebote bei sprachenübergreifender Projektarbeit genutzt werden.
Die unterrichtliche Nutzung erfordert in jedem Fall eine entsprechende Abstimmung der Lehrenden der Muttersprache und der ersten und zweiten Fremdsprachen.
Die Erprobung in Thüringer Schulen ergab auch, dass mit dem Material sinnvoll in Vertretungsstunden unterschiedlicher Klassenstufen gearbeitet werden kann.

---

[1] Aus Gründen der besseren Lesbarkeit stehen Personenbezeichnungen in dieser Publikation für beide Geschlechter.

Inhaltsverzeichnis

Verwendete Symbole:

 Übung auf extra Blatt zu lösen

 Übung für Partner- bzw. Gruppenarbeit geeignet

Briefe schreiben ist zwar aus der Mode gekommen, aber für Brief-markensammler ein absolutes Muss. Erst der Stempel auf der Marke ist das, was Sammler begeistert. Steffi Walter hat sich unter *www.brieffreunde.de* Gleichaltrige ausgesucht, ihnen geschrieben und prompt Antwort erhalten. Erst muss sie die Marken über Wasserdampf vom Umschlag lösen, um sie dann in ihr Album einzusortieren. Welchem Land kann sie dabei welchen Brief zuordnen?

Brief 1 kommt aus _____ , weil

_____

Brief 2 kommt aus _____ , weil

_____

Brief 3 kommt aus _____ , weil

_____

Brief 4 kommt aus _____ , weil

_____

Brief 5 kommt aus _____ , weil

_____

Brief 6 kommt aus _____ , weil

_____

Brief 7 kommt aus _____ , weil

_____

Brief 8 kommt aus _____ , weil

_____

Brief 9 kommt aus _____ , weil

_____

Frau
Steffi Walter
Marktstr. 5
99625 Kölleda
Deutschland

1
Giovanni Rotolo
Via Salvatore Matarrese 34
20 121 Milano
Italia

2
Jitka Černá
Chvalovice 42
130 00 Praha 3
Česká Republika

3
Ramón Muños Alba
Av. Coll del Portell, 69
08024 Barcelona
España

4
Serap Gündüz
Selimiye Cami Sokak no.22 D.10
81170 Istanbul
Türkiye

5
Joyce Schoolcraft
54 Frenchmans Rd
London SW 3 1PY
UK

6
Krzysztof Rudziński
ul. Leszczyńskiego 12
02-677 Warszawa
Polska

7
Françoise Matthieu
10, rue du Terrage
75010 Paris
France

8
125009 Москва
ул. Тверская д. 16 б кв. 5
Андрею Бойкову
Россия

9
Kees van Dalen
Vaassenseweg 1
1079 LE Amsterdam
Nederland

Was heißt „Guten Tag" und „Auf Wiedersehen" in den Ländern, deren Flaggen hier auszumalen sind?
Wie heißen die Länder in ihrer Landessprache?
Ordne die entsprechenden Ländernamen, Gruß- und Abschiedsformeln aus den Boxen den Flaggen zu.
Das vorgegebene Beispiel zeigt dir wie. Auch die abgezählten Kästchen helfen dir bei der Zuordnung.
Für das Ausmalen der Flaggen kannst du ein Nachschlagewerk zu Hilfe nehmen oder im Internet unter
www.flaggen.de nachsehen. Auch das Basteln eines eigenen kleinen Flaggen-Lexikons ist möglich.

ČESKÁ REPUBLIKA ITALIA	BUON GIORNO ~~GUTEN TAG~~	AUF WIEDERSEHEN AU REVOIR
DEUTSCHLAND POLSKA	DZIEŃ DOBRY BONJOUR	ARRIVEDERCI HASTA LUEGO
LA FRANCE ESPAÑA	BUENAS DIAS DOBRÝ DEN	DO WIDZENIA NA SHLEDANUO

GUTEN TAG

Anleitung zum Basteln eines mehrsprachigen Wörterbuches

Du brauchst mehrere A4-Blätter, je nach Anzahl der Anfangsbuchstaben der im Deutschen gefundenen Wörter. Hast du also z. B. Wörter mit den Anfangsbuchstaben A, I, K, N, T und W gefunden, benötigst du 6 Blätter.

TIPP Es ist jedoch ratsam, vorher für jeden Buchstaben des deutschen Alphabets ein Blatt (Querformat) anzulegen. Du kannst die Blätter wie in der Skizze anfertigen und sie am rechten Rand mit dem entsprechenden Buchstaben bekleben, abwärts versetzt.

Arbeite kontinuierlich.

Trage am Ende jedes bearbeiteten Themas oder jeder Unterrichtsstunde mindestens 5 Wörter in dein Wörterbuch ein.

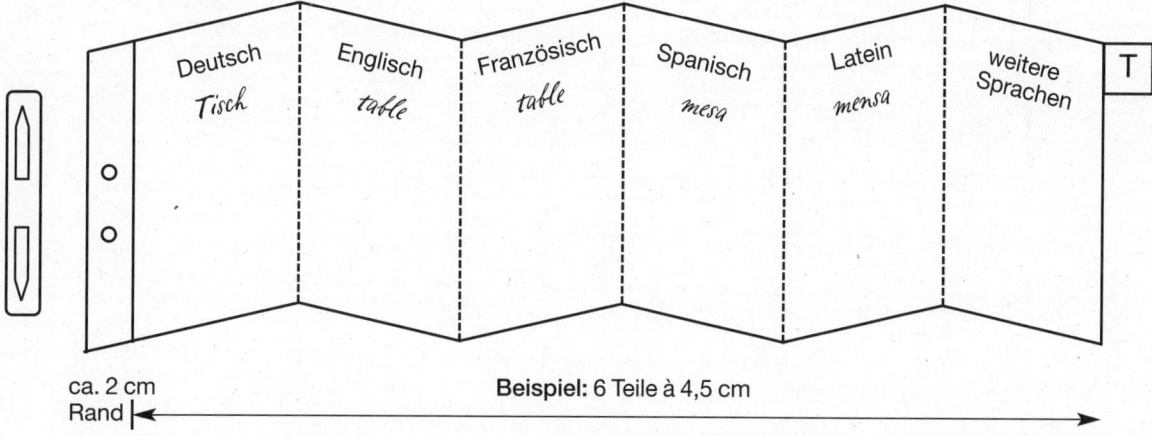

ca. 2 cm
Rand

Beispiel: 6 Teile à 4,5 cm

Nach Fertigstellung kann dein persönliches Wörterbuch wie in den folgenden Abbildungen aussehen:

mehrere Blätter wie Hefter 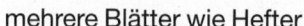   gekauftes Schulheft mit Pappdeckel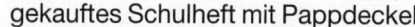

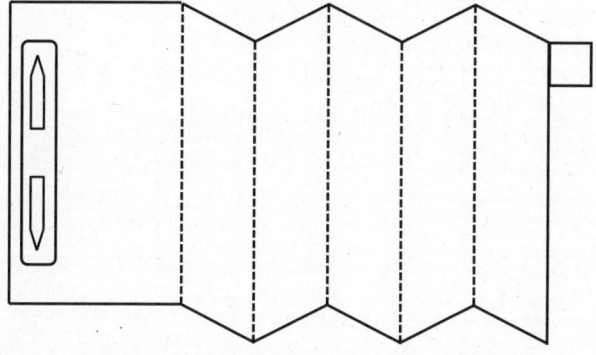

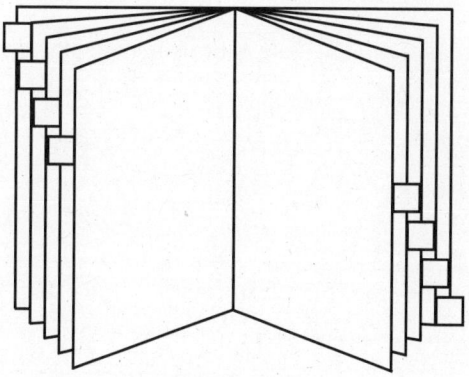

Du kannst dir auch eine Lernbox mit einem Karteikartensystem, welches du nach Bedarf erweitern kannst, anfertigen.

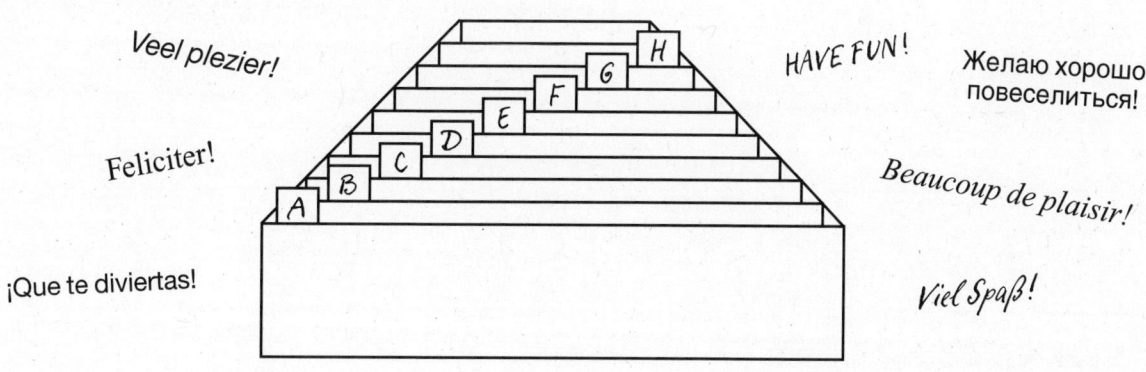

Internationalismen

Es gibt Wörter, die in verschiedenen Sprachen mit gleicher Bedeutung und in gleicher oder ähnlicher Form vorkommen wie z. B. dt.: *Theater*, engl.: *theatre*, lat.: *theatrum*, frz.: *théâtre*, russ.: *teatr*.
Sicher hast du schon viele dieser Wörter gehört oder selbst benutzt. Eine Kultur kommt mit einer anderen in Berührung und übernimmt dabei auch einige Wörter. Da etliche dieser Wörter in mehrere Sprachen übernommen werden bzw. wurden, nennt man sie Internationalismen. Wegen ihrer Ähnlichkeit kannst du sie leicht erschließen. Das hilft dir beim Verstehen fremdsprachiger Texte.

1 *Lies die Wörter in englischer, lateinischer, französischer und russischer[1] Sprache und ordne die Internationalismen den drei Oberbegriffen **Musik**, **Sport** und **Früchte** zu.*
Markiere oder unterstreiche zunächst dazu alle zusammengehörigen Wörter eines Themenbereiches in derselben Farbe. Trage die Wörter dann in die Tabelle ein.
Wenn du möchtest, beschränke dich dabei auf die Sprachen, die du auch schreiben kannst.

> Vorschlag: Musik = rot; Sport = gelb; Früchte = grün

Englisch: medal, banana, opera, orange, stadium, music, pianist, artichoke, note, athlete, olive, orchestra, regatta, mandarin, jazz, arena

Latein:*   arena, stadium, athleta, oliva, nota, banana, musica, orchestra

Französisch: orange, stade, opéra, banane, régate, pianiste, artichaut, athlète, olive, note, musique, médaille, arène, jazz, mandarine, orchestre

Russisch: арена, апельсин, оркестр, медаль, джаз, артишок, музыка, стадион, пианист, атлет, нота, олива, регата, опера, мандарин, банан

* Wie erklärst du dir, dass in der lateinischen Wortliste einige Wörter fehlen?

Musik	Sport	Früchte

[1] Wenn du die kyrillischen Zeichen nicht kennst, nutze das Lesezeichen.

2 *Lies die Wörter in den verschiedenen Sprachen.*
Trage die deutsche Entsprechung in die vorgesehene Spalte ein.
Vergleiche dein Ergebnis mit einem Partner.
Überprüft die Rechtschreibung mit einem Nachschlagewerk.

Latein	Englisch	Französisch	Russisch	**Deutsch**
illustratio	illustration	illustration	иллюстрация *illjustrazia*	
iubilaeum	jubilee	jubilé	юбилей *jubilej*	
ingeniarius	engineer	ingénieur	инженер *inshener*	
reportare (Verb)	report	reportage	репортаж *reportash*	
diurnarius	journalist	journaliste	журналист *shurnalist*	

3a *Überlege dir gemeinsam mit einem Partner mindestens fünf Substantive,*
die Beispiele für Internationalismen sein können. Denkt an Musik, Kunst, Computertechnik,
Wissenschaften, Politik, Film und Fernsehen oder auch an das Essen (z. B. Chor, Popmusik, Galerie;
Design, Mathematik, Experiment, Energie; Marmelade). Schreibt eure Beispiele in die Tabelle.

Deutsch	**Englisch**	**Latein**	**Französisch**	**Russisch**

3b *Überprüft nun mit entsprechenden Wörterbüchern (Englisch/Neulatein/Französisch/Russisch), ob ihr*
diese Wörter auch in den anderen Sprachen so oder ähnlich findet. Falls ein Wort in einer
anderen Sprache nicht die gleiche Bedeutung hat, markiert es und ergänzt die deutsche Übersetzung.

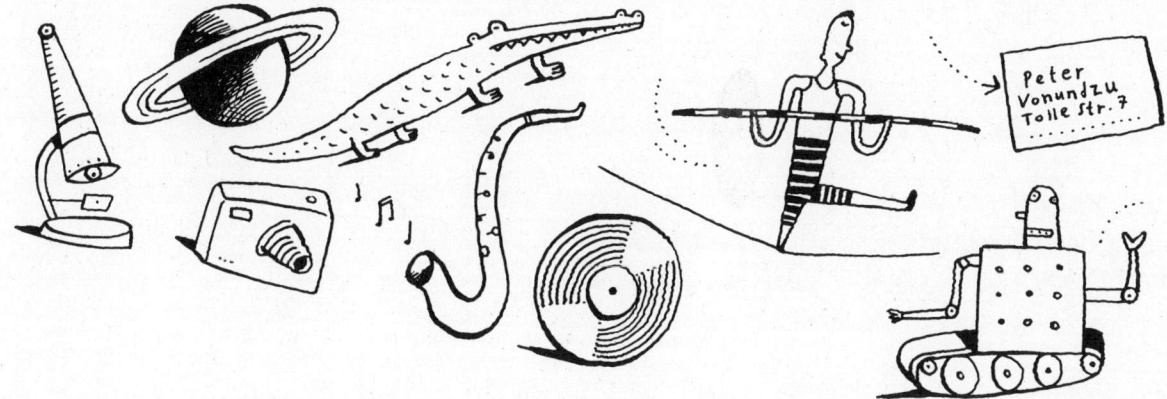

B 1 Internationalismen

3c *Tragt eure Ergebnisse der Klasse vor und hört euch auch die Ideen der anderen Gruppen an.*

Ergänzt beim Zuhören in der folgenden Tabelle jeweils drei neue Wörter, die ihr interessant findet.

Deutsch	_____	_____	_____
Englisch	_____	_____	_____
Latein	_____	_____	_____
Französisch	_____	_____	_____
Russisch	_____	_____	_____

4 *Überprüfe anhand des nachfolgenden Textes, inwiefern dir Internationalismen helfen, einen Dialog zu verstehen, der in einer anderen als den von dir gelernten Sprachen verfasst ist.*

JUAN: ¿Es japonés el transistor?
MARIA: No, es un transistor holandés.
Juan: ¿Y el televisor también es de Holanda?
MARIA: No, el televisor es japonés.

Was meinst du, um welche Sprache es sich hier handelt? _____

Worum geht es in dem Gespräch? _____
_____

Wie hast du das herausgefunden? _____
_____

Der Dialog lautet sinngemäß in Deutsch:

JUAN: _____

MARIA: _____

JUAN: _____

MARIA: _____

Vergleiche deine Ergebnisse mit denen deiner Mitschüler.
Besprecht auch, wie ihr zu euren Ergebnissen gekommen seid.

© Cornelsen © Volk und Wissen

5 *Lies den folgenden Text, der eine interessante Firma vorstellt.*
Nutze deine Kenntnisse über Internationalismen, um den Inhalt zu verstehen.

Blue Sea Adventure Tours is a travel agency in Canterbury/Kent.
The company specializes in exotic adventure holidays such as backpacking
in New Zealand, canoeing in Colorado and snowboarding
in the Swiss Alps.
Blue Sea has five members of staff, and they include John and Carol Myers,
who own and manage the company. The three employees are Jasmin Roy,
Ralph Cooper and Katja Gruener. Jasmin runs Blue Sea´s website,
while Ralph and Katja help Carol look after customers who call at the travel agency
in South Canterbury Road. [...]

Entscheide nun, ob die folgenden Aussagen richtig ✓ oder falsch **f** sind:

Bei Blue Sea handelt es sich um ein Reisebüro. ☐

Rucksacktouren in Neuseeland oder Snowboarden in den Alpen sind ihr Spezialgebiet. ☐

Insgesamt arbeiten sieben Beschäftigte bei Blue Sea. ☐

Die beiden Besitzer arbeiten auch mit in der Firma. ☐

Die Website von Blue Sea betreut Jasmin Roy. ☐

Kanufahren in den USA, im Bundesstaat Colorado, gehört auch zum Angebot von Blue Sea. ☐

6 *Markiere die Wörter im Text, die du für Internationalismen hältst. Notiere sie in der Tabelle.*
Kennst du ein deutsches Wort dafür? Vergleiche mit deinem Partner.

Internationalismus	deutsches Wort

1 *Stelle Wortverwandtschaften fest.*
Markiere in jeder Zeile einander ähnliche Wörter mit gleicher Farbe.

школа	school	schola	école	Schule
lingua	Sprache	langue	language	язык
table	стол	mensa	table	Tisch
✳	класс	class	classe	Klasse
Unterrichtsstunde	lesson	урок	schola	leçon
расписание уроков	l'emploi du temps	timetable	Stundenplan	horarium

✳ *Warum gab es dafür wohl im 3. Jahrhundert v. Chr. noch kein lateinisches Wort?*
Vielleicht hilft dir der folgende Info-Text beim Finden einer Antwort.

Zum Schulsystem im antiken Rom   **i**

Von *Schulunterricht* spricht man im antiken Rom erst seit dem 3. Jahrhundert v. Chr. Dabei stützte man sich überwiegend auf Formen griechischer Bildung und Ausbildung. Zu dieser Zeit fand der *Unterricht zu Hause* und nur für Kinder reicher Familien statt. Lehrer waren meistens griechische Pädagogen-Sklaven.

Für die armen Kinder wurden später die ersten *Elementarschulen* in behelfsmäßigen Räumlichkeiten eröffnet. Dort lernten Jungen im Alter von 7 – 15 Jahren und Mädchen im Alter von 7 – 13 Jahren „mit der Rute vor Augen" lesen und rechnen.

Nur die Jungen aus reichem Hause durften später das *höhere Schulwesen* besuchen: Dort lernten sie im Alter von 12 – 16 Jahren beim *grammaticus* griechische Autoren kennen. Mit 16 Jahren begannen sie beim *rhetor* eine 2-jährige Ausbildung in der Kunst des Redens.

Wer als Römer im Anschluss daran an einer *Hochschule* studieren wollte, musste dafür nach Griechenland gehen.

Für Sprachfüchse

Das Wort *Gymnasium* ist entstanden aus dem griechischen Wort *Gymnasion* (γυμνάσιον), was ursprünglich *Leibesertüchtigungsanstalt* bedeutete.
Dies findet sich auch im französischen Wort *le gymnase* für *Turnhalle*.
Wie ist das im Englischen?

2 *Zeichne fünf Wörterbücher nach vorliegendem Muster und*
✎ *ordne die gefundenen Wörter aus Übung 1 zu.*

| Wörterbuch | словарь | dictionary | dictionnaire | index verborum |

Ergänze anschließend die Wörter, für die du keine Ähnlichkeit festgestellt hast.
Vergleiche dein Arbeitsergebnis mit dem deines Partners.

3 *Vergleiche die Stundenpläne. Lege auch deinen Stundenplan daneben.*
Als Sprachdetektiv findest du sicher heraus,

a) *wie lange ein Unterrichtstag dauert,*

b) *wie lange eine Unterrichtsstunde dauert,*

c) *wann der Unterricht beginnt bzw. endet,*

d) *wie die Pausen angeordnet sind,*

e) *welche Fächer in allen Ländern gleichermaßen unterrichtet werden.*

Kennzeichne in allen Stundenplänen die Unterrichtsfächer farbig, z. B. Mathematik rot.
Welche Gemeinsamkeiten und Unterschiede stellst du fest?

EMPLOI DU TEMPS

Nom *Alain Berthot*   Classe *3ᵉA*

Heures	Lundi	Mardi	Mercredi	Jeudi	Vendredi	Samedi
8 h 10 9 h 05	maths	latin	dessin	⎫ sport ⎬	allemand	⎫ sciences
9 h 15 10 h 10	latin	anglais	géographie		maths	⎬ naturelles
10 h 20 11 h 15	anglais	français	maths	anglais	musique	français
11 h 20 12 h 15	sport	permanence*		club	histoire	
14 h 00 14 h 55	allemand	technologie		⎫ maths ⎬	histoire	
15 h 05 16 h 00	éducation civique	⎫ sciences ⎬			⎫ français	
16 h 05 17 h 00		⎭ physiques		latin		

* betreute Freistunde

Расписание уроков

Уроки и часы	понедельник	вторник	среда	четверг	пятница
1-й от 9 ч. 00 м. до 9 ч. 45 м.	Русский язык	Физика	Химия	Русский язык	Физика
2-й от 9 ч. 55 м. до 10 ч. 4 м.	Литература	Физика	Алгебра	Химия	История
3-й от 10 ч. 55 м. до 11 ч. 40 м.	Английский язык	История	Труд	Химия	Алгебра
4-й от 11 ч. 55 м. до 12 ч. 35 м.	Алгебра	Алгебра	Труд	История	Физ-ра
5-й от 12 ч. 50 м. до 13 ч. 35 м.	Геометрия	География	Геометрия	География	Англ. язык
6-й от 13 ч. 55 м. до 14 ч. 40 м.	Физ-ра	Биология	Литература	Биология	Литература

Timetable	9.05 — 10.05	10.20 — 11.30		11.50 — 13.00		14.30 — 15.40
Monday	German	Maths	B	Physics	L	Biology
Tuesday	Computer studies	History	R	English	U	German
Wednesday	English	Maths	E	Games	N	Physical education
Thursday	Biology	Religions Education	A	Computer studies	C	History
Friday	Woodwork	Maths	Games	K	Typing	H	English

4 *Ergänze mithilfe der Stundenpläne (S. 13) die fehlenden Fächer.*

Latein	Deutsch	Englisch	Französisch	Russisch
artes	Fächer	subjects	matières	предметы
disciplina physica				
historia				
anglicus				
exercitatio corporis				
mathematica				

5 *Nummeriere die Gegenstände, die sich im Klassenraum befinden.*
Trage die Nummern in die Tabelle ein und ergänze die deutschen Bezeichnungen.
Vergleiche die Artikel im Deutschen und Französischen. Was stellst du fest?

Nr.	Latein	Französisch	Englisch	Russisch	Deutsch
☐	– [1]	le tableau	board	доска	die
☐	stilus (stylus)	le stylo	pen	ручка	der
☐	liber	le livre	book	книга	das
☐	plumbum	le crayon	pencil	карандаш	der
☐	tabula cerata [2]	le cahier	exercise-book	тетрадь	das
☐	porta [3]	la porte	door	дверь	die
☐	thesaurus/index verborum	le dictionnaire	dictionary	словарь	das

[1] Diesen heute für den Unterricht notwendigen Gegenstand gab es im antiken Rom noch nicht.
  Kannst du dir erklären, warum?
[2] Damals schrieben die Kinder ihre Übungen auf Wachstäfelchen (tabulae ceratae).
[3] porta – der Eingang, der Zugang

© Cornelsen © Volk und Wissen

6 *Stadt – Land – Fluss*

Spielt dieses Spiel zum Thema Schule.

Legt die Suchbegriffe selbst fest, z. B. Unterrichtsfach, Tätigkeit, Gegenstand, ...
Bildet eine Vierergruppe und nutzt ein extra Blatt.

7 *Knacke die Nuss!*

Das Rätsel enthält acht Wörter zum Thema Schule.

Nutze zur Lösung die Wörter aus den Übungen 4 und 5. Für jedes gefundene Wort gibt es einen Punkt.

Für das Lösungswort gibt es einen Zusatzpunkt.

Einen weiteren Zusatzpunkt kannst du erreichen, wenn du für das Lösungswort die entsprechende Bedeutung in russischer Sprache findest.

Lösungswort:

Russisch: _____

Waagerecht:

1. ein Ort, an dem die Schüler lernen *(lat.)*
2. darauf kann man mit Kreide schreiben *(frz.)*
3. ein Schreibgerät
   (das damit Geschriebene kann man ausradieren) *(frz.)*
4. man kann darin lesen *(lat.)*
5. man kann darin lesen *(dt.)*
6. ein schweißtreibendes Unterrichtsfach (Abkürzung!) *(en.)*

Senkrecht:

1. eine Schülergemeinschaft *(frz.)*
2. ein Schreibgerät *(lat.)*

Viele Wörter, die wir im Bereich des Sports verwenden, haben ihren Ursprung in den beiden Sprachen des klassischen Altertums, Latein und Griechisch.

1 *Sucht euch einen Partner.*

 Lest euch die folgenden griechischen (kursiv) und lateinischen Wörter gegenseitig laut vor.
Achtung: Der Buchstabe „c" wurde im Lateinischen ursprünglich wie „k" gesprochen!
Im Griechischen helfen euch die Betonungszeichen bei der Aussprache.

Griechisch		**Latein**	
DISKOS δίσκος	Wurfscheibe	PEDES	Füße
BALLEIN βάλλειν	werfen	REFERRE	beurteilen, vergelten
STADION στάδιον	Stadion, Rennbahn (Längenmaß, ca. 192 m, einer Laufdisziplin der olympischen Spiele der Antike)	LIBER	frei
		CONDICIO	Zustand; Bedingung
		ADDUCTOR	der Heranführer
ATHLON ἆθλον	Wettkampf	MENS, MENTIS	Verstand, Geist, Denken
		RECORDATIO	Erinnerung
ATHLETES ἀθλητής	Wettkämpfer	BI-	zwei -
		TRI-	drei-
KYKLOS κύκλος	Kreis, Ring	FORTIA f. (ML, < FORTIS)	Kraft, kraftvoller Einsatz
		CALCEUS	Schuh

2 *Schreibt die mit den oben genannten Begriffen verwandten Wörter, die ihr aus anderen Sprachen kennt,*
 auf. Ihr dürft dazu auch das Wörterbuch benutzen.

3 *Löst nun das Rätsel, indem ihr die gefundenen Begriffe waagerecht und senkrecht eintragt.*

Die grau unterlegten Felder ergeben in der richtigen Reihenfolge den Namen eines ATHLETES, der auf dem BIKYKLOI für RECORDATIO gesorgt hat.

1. lateinischer Ursprung des italienischen Wortes CALCIO (Fußball)
2. geistige Vorbereitung eines Sportlers auf den Wettkampf (Adjektiv)
3. Wurfscheibe in der Leichtathletik
4. freier letzter Mann beim Fußball, der ohne direkten Gegenspieler agiert
5. körperlicher Zustand, Bedingung für sportliche Leistung
6. engl.: Schiedsrichter (Fußball, Basketball, Boxen)
7. Teil des Fahrrads
8. griechischer Ursprung des Wortes BALL
9. Sportstätte
10. lateinischer Ursprung des Schlachtrufes der italienischen Tifosi (Fans) FORZA ITALIA
11. griechischer und lateinischer Bestandteil des englischen BICYCLE und des italienischen BICICLETTA
12. Sportart, die drei Disziplinen (Schwimmen, Radfahren, Laufen) beinhaltet
13. andere Bezeichnung für SPORTLER
14. eine Muskelgruppe, die für das Heranziehen bzw. Heranführen der Arme und Beine zuständig ist (Singular)
15. Begründer der olympischen Spiele sind die …

Lösungswort:

B 4 Märchenstunde

1 Der Anfang von „Hänsel und Gretel" ist dir bestimmt bekannt.
Hier kannst du denselben Text auch in Lateinisch, Spanisch, Französisch und Englisch nachlesen. Das Arbeitsblatt *Wörterdusche* (S. 19) bietet dir die Gelegenheit, über Wortähnlichkeiten oder die Stellung im entsprechenden Satz die Übersetzung zu finden.

Hänsel und Gretel

Vor einem großen Walde wohnte ein armer Holzhacker mit seiner Frau und seinen zwei Kindern.	Ante magnam silvam silvarum caesor pauper cum uxore et duobus liberis vixit.	En el borde de un bosque inmenso vivía un leñador muy pobre con su mujer y sus dos hijos.	A l'orée d'une grande forêt vivaient un pauvre bûcheron, sa femme et ses deux enfants.	Hard by a great forest dwelt a poor wood-cutter with his wife and his two children.
Der Junge hieß Hänsel und das Mädchen Gretel.	Puer Hansulum et puella Gretula appellati sunt.	El niño se llamaba Hansel y la pequeña, Gretel.	Le garçon s'appelait Hansel et la fille Grethel.	The boy was called Hansel and the girl Gretel.
Der Holzhacker hatte wenig zu beißen und zu brechen, und einmal, als große Teuerung ins Land kam, konnte er das tägliche Brot nicht mehr schaffen.	Familia cibum non multum habuit, quod sine pecunia erat. Et uno anno, cum pretia mercium valde augerentur et fames in provincia regnaret, silvarum caesor panem cottidianum merere non iam potuit.	El padre era tan pobre que apenas tenía para dar de comer a la familia y una vez, cuando hubo una gran hambruna en el país, el padre ni siquiera pudo ganar el pan de cada día.	La famille ne mangeait guère. (La famille était souvent sans le sou.)	The wood-cutter had little to bite and to break, and once when great dearth fell on the land, he could no longer procure even his daily bread.
Wie er sich nun eines Nachts im Bette Gedanken machte und sich vor Sorgen herumwälzte, seufzte er und sprach zu seiner Frau:	Dum una nocte in lecto curis se iactans de paupertate cogitat, uxori suae dixit:	Una noche, afligido por sus pensamientos y dando vueltas en su cama, suspiró y le dijo a su mujer:	Une année que la famine régnait dans le pays et que le pain lui-même vint à manquer, le bûcheron, une nuit, ruminait des idées noires dans son lit et remâchait ses soucis. Il dit à sa femme :	Now when he thought over this by night in his bed and tossed about his anxiety, he groaned and said to his wife,
„Was soll aus uns werden? Wie können wir unsere armen Kinder ernähren, da wir für uns selbst nichts mehr haben?"	„Quid de nobis fiet? Quomodo alere nostros liberos pauperes possumus, quoniam ipsi nihil habemus?"	¿Qué va a ser de nosotros? ¿Cómo podremos alimentara nuestros pobres hijos si no tenemos siquiera para nosotros mismos?	« Qu'allons-nous devenir ? Comment nourrir nos pauvres enfants, quand nous n'avons plus rien pour nous-mêmes ? »	"What is to become of us? How are we to feed our poor children, when we no longer have anything even for ourselves?"

2 *Du weißt aus dem Fremdsprachenunterricht,*
dass du die Bedeutung von Wörtern
oft auch ohne Wörterbuch herausfinden kannst
über Wortähnlichkeiten oder die Stellung eines Wortes im Satz.

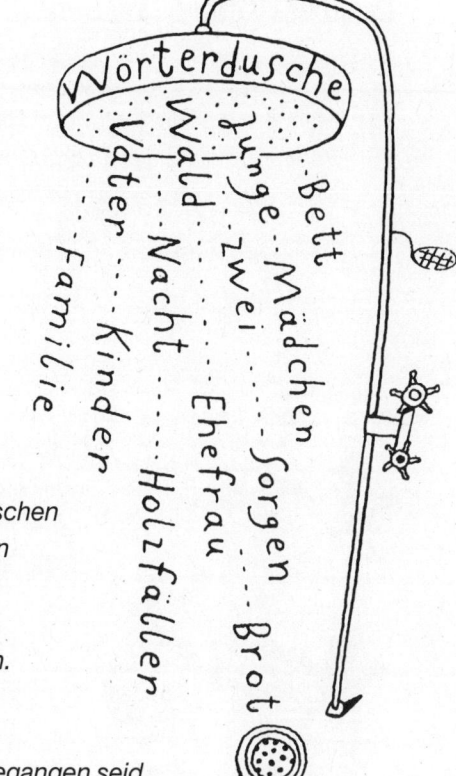

1. *Beginne mit der Suche nach Wortähnlichkeiten.*
   Das Beispiel NACHT kann dir helfen.
   Finde die Wörter für FAMILY und NOSOTROS
   oder suche eigene Beispiele.

2. *Markiere in den Texten das entsprechende Wort für KINDER*
   in jeder Sprache. Untersuche die Stellung des Wortes im Satz.
   Finde zwei eigene Beispiele.

3. *Das vorgegebene Beispiel UND kannst du im Deutschen und Englischen*
   an der Wortähnlichkeit erkennen. Im Französischen und Spanischen
   musst du die Satzkonstruktion untersuchen, um es zu finden.
   Das ist nicht leicht. Arbeite ggf. mit dem Wörterbuch.
   Du wirst nicht jedes Wort in allen vier Sprachen in den Texten finden.

4. *Trage deine gefundenen Beispiele in die vorgegebene Tabelle ein.*

Diskutiere anschließend mit einem Partner, wie ihr bei der Suche vorgegangen seid.
Vergleicht dann mit dem Lösungsblatt (S. 75).

	Wortähnlichkeit	**Stellung im Satz**	**Stellung und Wortähnlichkeit**
Deutsch	Nacht	Kinder	und
Französisch	nuit	enfants	et
Spanisch	noche	hijos	y
Englisch	night	children	and
Latein	nocte (von nox)	liberi	et
Deutsch			
Französisch			
Spanisch			
Englisch	family		
Latein			
Deutsch			
Französisch			
Spanisch	nosotros		
Englisch			
Latein			

Das russische Märchen „Die Rübe"

✛ ✛

3 *Markiere die Wörter für den **Garten**, die **Rübe**, die **Familienmitglieder** und die **Haustiere**.*
Verwende die jeweils vorgegebene Farbe zum Unterstreichen.
Male vorher die ☐ aus zur besseren Übersichtlichkeit.

☐ Rübe (grün)   ☐ Großvater (blau)   ☐ Katze (rosa)   ☐ Hund (braun)

☐ Garten (orange)   ☐ Enkelin (rot)   ☐ Großmutter (gelb)   ☐ Maus (grau)

Once upon a time, there was a grandfather who planted some turnip seeds
in his garden. He watched and watered them and one day there was the biggest
turnip he had ever seen. The day came when he wanted to pull it up.
He pulled and pulled, but he could not pull it up.

Позвал дед бабку. «Посмотри, какая репка большая у нас!»
Бабка за дедку, дедка за репку – тянут-потянут, но вытянуть репку
не могут.

„Maria!" avia neptem vocavit. „Adi et adiuva nos extrahere hanc rapam
maximam." Itaque parva puella celeriter adiit et trahebat aviam et avia
avum trahebat et ille rapam trahebat, sed rapam movere non potuit.

Du jardin, la petite-fille Marie a appelé son chien: « Regarde la
grosse carotte. Aide-moi!» Et les quatre – le chien tirait la petite-
fille, elle tirait la grand-mère, elle tirait le grand-père – tiraient une
fois, deux fois, trois fois, mais la carotte ne bougeait pas !

Позвала собака кошку.
Кошка за собаку, собака за внучку, внучка за бабку,
бабка за дедку, дедка за репку – тянут-потянут, но
вытянуть репку не могут.

Le chat a appelé la petite souris: « Regarde la
grosse carotte. Aide-moi ! » Et les six – la petite
souris tirait le chat, le chat tirait le chien, le chien
tirait la petite-fille, elle tirait la grand-mère, elle tirait
le grand-père - ils tiraient très fortement, une fois,
deux fois, trois fois. Oh ! La carotte sortait, mais
quel malheur… Tous sont tombés !

И так мышка, кошка, собака, внучка, бабушка и дедушка наконец-то вытащили репку.

4 *Die Benennung der Personen und Gegenstände im Bild kennst du in Deutsch*
und einige davon in Russisch.
Ordne zuerst die russischen Wörter dem entsprechenden Bild durch einen Pfeil zu.
Kannst du nun auch die tschechischen, slowenischen und polnischen Begriffe (jeweils 11)
zuordnen, die unten vorgegeben sind?
Versuche dich im Abschreiben und trage sie auf den gleich markierten Linien ein.
Streiche Erledigtes ab.

tschechisch	slowenisch	polnisch
řepa dědeček babka vnučka kočička pejsek myška dům strom sad okno	niša vrt okno miš mačka dedek babica vnukinja pes répa drevo	mysz dom drzewo pies babka dziadek okno wnuczka kotka ogród burak

репка	бабка	садик	дом	дерево

дедка

кошка	внучка	собака	окно	мышка

B 5 Wortarten

Sprachen bestehen aus Wörtern, die bestimmte Eigenschaften und Merkmale haben.
Deine Kenntnisse aus dem Deutschunterricht können dir helfen, grammatische Regeln
in anderen Sprachen besser und schneller zu verstehen und anzuwenden.

1 *Vergleiche die Bezeichnungen der Wortarten in den modernen Fremdsprachen mit dem lateinischen Fachbegriff. Markiere Gemeinsamkeiten.*

2 *Prüfe deine Grammatikkenntnisse, indem du in der letzten Spalte der Tabelle je ein Beispiel
für die Wortarten in Latein, Deutsch, Englisch, Französisch oder Russisch ergänzt.*

		Beispiele	
Fachbegriff Latein	**Verb**	laborare	_____
Deutsch	Tätigkeitswort	arbeiten	_____
Englisch	verb	work	_____
Französisch	le verbe	travailler	_____
Russisch	глагол	работать	_____
Fachbegriff Latein	**Substantiv (Nomen)**	discipulus	_____
Deutsch	Hauptwort, Dingwort	Schüler	_____
Englisch	noun	pupil	_____
Französisch	le substantif (le nom)	élève	_____
Russisch	имя существительное	ученик	_____
Fachbegriff Latein	**Artikel**		_____
Deutsch	Begleiter, Geschlechtswort	der	_____
Englisch	article	the	_____
Französisch	l'article	le	_____
Russisch	артикль		_____
Fachbegriff Latein	**Adjektiv**	caeruleus	_____
Deutsch	Eigenschaftswort	blau	_____
Englisch	adjective	blue	_____
Französisch	l'adjectif	bleu	_____
Russisch	имя прилагательное	голубой	_____

		Beispiele	
Fachbegriff Latein	**Adverb**	heri, valde	_____
Deutsch	Umstandswort	gestern, sehr	_____
Englisch	adverb	yesterday, very	_____
Französisch	l'adverbe	hier, très	_____
Russisch	наречие	вчера, очень	_____
Fachbegriff Latein	**Pronomen**	ea, sua	_____
Deutsch	Fürwort	sie, ihr	_____
Englisch	pronoun	she, her	_____
Französisch	le pronom	elle, sa	_____
Russisch	местоимение	она, её	_____
Fachbegriff Latein	**Numerale**	tres	_____
Deutsch	Zahlwort	drei	_____
Englisch	number	three	_____
Französisch	le nombre	trois	_____
Russisch	имя числительное	три	_____
Fachbegriff Latein	**Präposition**	cum	_____
Deutsch	Verhältniswort	mit	_____
Englisch	preposition	with	_____
Französisch	la préposition	avec	_____
Russisch	предлог	с	_____
Fachbegriff Latein	**Konjunktion**	autem	_____
Deutsch	Bindewort	aber	_____
Englisch	conjunction	but	_____
Französisch	la conjonction	mais	_____
Russisch	союз	a	_____

B5 Wortarten

3 *Arbeite nun mit einem Partner.*

Vergleicht eure Arbeitsergebnisse aus den Übungen 1 und 2.

4 *Schneide die einzelnen Wörter (unten) aus, die mit dem Zeichen ✂ markiert sind, und ordne sie in der Tabelle der richtigen Wortart zu.*

	Substantiv	**Verb/Hilfsverb**	**Pronomen**	**Präposition**
Englisch				
Französisch				
Russisch				

5 *Füge nun die einzelnen Wörter in den modernen Fremdsprachen zu einer Frage zusammen und ergänze die deutsche Übersetzung.*

Englisch: _____

_____

Französisch: _____

_____

Russisch: _____

_____

Deutsch: _____

_____

6 *Arbeite mit einem Partner.*

Vergleicht die Fragesätze in den verschiedenen Sprachen mit dem Deutschen.

Findet Gemeinsamkeiten und Unterschiede bei der Wortstellung heraus.

at	languages	you	what	school	learn	do
l'école	langues	apprends	quelles	tu	à	
ты	языки	в	изучаешь	какие	школе	

© Cornelsen © Volk und Wissen

Aussagen zur eigenen Person

Sprache dient dazu, sich mit anderen Menschen zu verständigen, auszutauschen,
Informationen weiterzugeben oder einzuholen.
Wenn du verstehst, welche sprachlichen Mittel notwendig sind, um bestimmte Redeabsichten
zu realisieren, wird es dir ganz leicht fallen, noch mehr in der Fremdsprache auszudrücken.
Dabei ist es auch hilfreich, die Sprachen, die du lernst, miteinander zu vergleichen.

I   Sagen, was man mag

Lies die Beispielsätze in Deutsch, Englisch und Französisch bzw. Russisch durch.

Deutsch	Englisch	Französisch	Russisch
Ich mag Sport.	I like sports.	J'aime le sport.	Я люблю спорт.
Ich mag Popmusik.	I like pop music.	J'aime la musique pop.	Я люблю поп-музыку.
Ich mag Biologie.	I like biology.	J'aime la biologie.	Я люблю биологию.

✎ Löse nun die folgenden Aufgaben, halte deine Ergebnisse schriftlich fest.

1 *Finde heraus, wie die Sätze in den einzelnen Sprachen, die du lernst, aufgebaut sind.*
Bestimme dazu die Satzglieder und ihre Stellung im Satz.
Markiere die Satzglieder mit unterschiedlichen Farben.

> Vorschlag: Subjekt = rot Prädikat = gelb Objekt = grün

2 *Vergleiche in den vier Sprachen den Satzbau.*
Zu welchem Ergebnis kommst du?

3 *Vergleiche dein Ergebnis mit deinem Partner.*
Besprecht, welche Funktion die von euch ermittelten Satzglieder haben.
Überlegt also, welches Satzglied den Handlungsträger, welches die Handlung
und welches den Gegenstand oder den Betroffenen der Handlung benennt.
Findet dabei auch heraus, welche konkreten Auskünfte die Satzglieder dem Leser oder Hörer geben
(z. B. Auskunft über Zahl und Geschlecht der Person, Zeit der Handlung).

Prüft, ob es Unterschiede in den Sprachen gibt.
Tragt eure Ergebnisse in der Klasse vor, vergleicht miteinander.

B 6 | Redeabsichten und Satzglieder

4 *Schneidet die Kärtchen aus und bildet Sätze.*

I	люблю	spinach	Ich	mag
like	Spinat	aime	les	
Я	J'	шпинат	épinards	

Findet heraus, ob man einzelne Satzglieder weglassen kann und was dann passiert.

Probiert aus, ob es möglich ist, die Satzglieder umzustellen.
Überprüft, ob sich dadurch die Aussage verändert.
Vergleicht die Sprachen miteinander.

5 *Bilde in Englisch und Französisch bzw. Russisch selbst vier Sätze,*
in denen du ausdrückst, dass du oder eine andere Person bestimmte Dinge mögen.
Schreibe sie auf ein gesondertes Blatt.

6 *Verwende nun in deinen Sätzen andere Subjekte und Objekte.*
Stellst du Veränderungen fest? Vergleiche die Sprachen miteinander.

! *Überlege, was dir in den Übungen wichtig erscheint und was du dir merken willst.*

II Sagen, dass man etwas nicht mag

Natürlich kann man auch ausdrücken, dass jemand etwas nicht mag.

1 *Wähle aus deinen in der Übung 5 gebildeten Sätzen in Englisch und Französisch*
oder Russisch für jede Sprache zwei Sätze mit jeweils unterschiedlichen Subjekten und Objekten aus.
Schreibe diese Sätze so um, dass jemand etwas <u>nicht</u> mag.

2 *Vergleiche mit deinem Partner und formuliert gemeinsam, welche sprachlichen Mittel ihr braucht,*
um auszudrücken, dass eine Person Dinge nicht mag.
Vergleicht die Sprachen miteinander.

3 *Probiert aus, ob die sprachlichen Mittel der Verneinung an unterschiedlichen Stellen*
im Satz stehen können.
Vergleicht euer Ergebnis für die einzelnen Sprachen.
Stellt das Ergebnis euren Mitschülern vor.

III   Sagen, was man (nicht) gern tut

Mit ganz ähnlichen Strukturen kannst du ausdrücken, dass eine Person bestimmte
Tätigkeiten mag oder nicht mag.

Deutsch

Ich mache (nicht) gern	Sport.
	Musik.
	Leichtathletik.
	Spaziergänge.
Ich spiele (nicht) gern	Gitarre.
	Flöte.
	am Computer.
	Karten.
Ich lese (nicht) gern	Comics.
Ich höre (nicht) gern	CDs von …
Ich schreibe (nicht) gern	Gedichte.
Ich gehe (nicht) gern	ins Kino.
Ich besuche (nicht) gern	meine Oma.

Englisch

I like	doing	sports.
I don't like	making	music.
	practising	athletics.
	going	for a walk.
	playing	the guitar.
		the flute.
		on the computer.
		cards.
	reading	comics.
	listening	to CDs of …
	writing	poems.
	going	to the cinema.
	seeing	my grandma.

GRANDMA

1 *Du siehst hier, wie man auf Deutsch und Englisch ausdrückt, dass man etwas gern
oder nicht gern macht.
Vergleiche, wie die deutschen und englischen Sätze aufgebaut sind.
Finde heraus, welche Funktion die einzelnen Satzglieder haben und welche zusammengehören.
Überlege, ob Satzglieder weggelassen oder an eine andere Stelle des Satzes gestellt werden können.
Besprich das Ergebnis mit einem Partner.*

2 *Mit welchen sprachlichen Mitteln drückt die französische/russische Sprache diese Redeabsicht aus?
Fülle gemeinsam mit einem Partner das Arbeitsblatt (S. 28) für Französisch/Russisch aus.
Nutzt ggf. ein Wörterbuch.
Vergleicht euer Ergebnis mit dem Lösungsblatt.
Was fällt euch auf?
Nennt Gemeinsamkeiten und Unterschiede im Vergleich zum Deutschen und Englischen.
Vergleicht eure Ergebnisse mit denen eurer Mitschüler.*

! *Überlege, was dir in den Übungen wichtig erscheint und was du dir merken willst.*

B 6 Redeabsichten und Satzglieder

Arbeitsblatt zu Übung 2

Französisch

faire

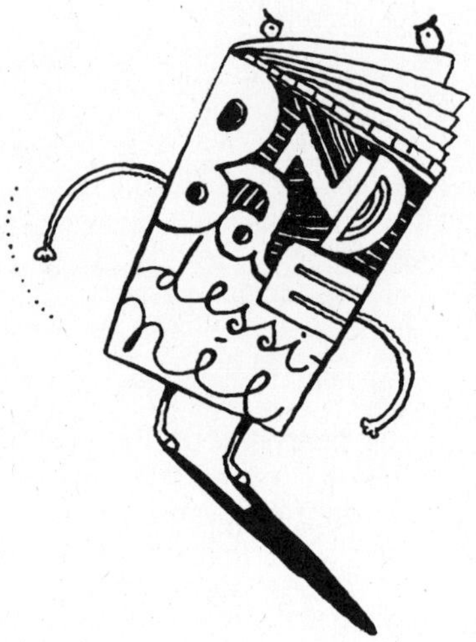

_____

aux cartes

des poésies

Russisch

заниматься

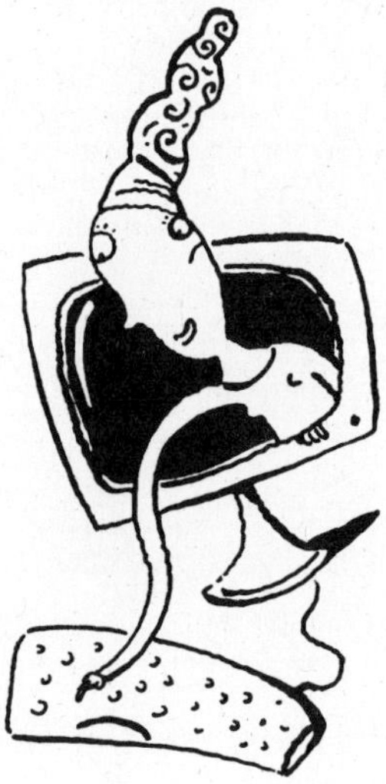

в карты

стихи

IV. Fragen, was jemand mag oder gern macht

Wenn du über andere Personen etwas in Erfahrung bringen möchtest,
musst du in der Lage sein, **Fragen zu stellen.**

1 *Bilde zu den deutschen Fragesätzen die jeweiligen Entsprechungen in Englisch,*
und Französisch bzw. Russisch.

Was machst du gern?   **Liest du gern?**   **Magst du Opern?**   **Gehst du gern ins Kino?**

Schneide dazu die Kärtchen aus und lege die zusammengehörigen Fragesätze
in den einzelnen Sprachen untereinander.

Vergleiche die Sprachen miteinander.
Welche Elemente werden für die Fragebildung in den einzelnen Sprachen benötigt?
Welche Gemeinsamkeiten und welche Unterschiede gibt es?
Besprich deine Ergebnisse mit einem Partner.

you like	what	operas	do	going
do	reading	you like	doing	do
you like	do	you like	to the cinema	

tu aimes	qu'est-ce que	au cinéma	lire	
faire	est-ce que	tu aimes	est-ce que	
tu aimes	est-ce que	aller	tu aimes	l' opéra

ты любишь	что	оперы	ходить
делать	ты любишь	читать	
ты любишь	в кино	ты любишь	

2 *Stelle nun gemeinsam mit einem Partner mindestens fünf Fragen zusammen,*
die ihr einem Promi stellen würdet, um herauszufinden, was er/sie (nicht) mag bzw.
(nicht) gern macht.
Legt gemeinsam fest, wem ihr die Fragen in englischer und wem
in französischer/russischer Sprache stellen wollt.
Überlegt, ob ihr den Promi in der Du-Form oder in der Sie-Form anreden wollt.
Stellt eure Fragen der Klasse vor.

3 *Befragt euch nun gegenseitig zu euren Vorlieben.*
Entscheidet selbst, welche Sprachen ihr verwendet.
Es können gleichzeitig auch mehrere Sprachen genutzt werden,
z. B. Frage auf Englisch – Antwort auf Französisch/Russisch.

V Sagen, wann, wo und wie man etwas gemacht hat

Du weißt aus dem Deutschunterricht, dass man Adverbialbestimmungen benötigt,
um auszudrücken wann, wo oder wie sich eine Handlung oder ein Geschehen vollzieht.

1 *Lies die englischen Sätze über eine Klassenfahrt.*
Markiere die Adverbialbestimmungen des Ortes, der Zeit und der Art und Weise unterschiedlich.

Englisch	**In March our class went to Paris.**
Französisch	_____
Russisch	_____
Englisch	**We went by train.**
Französisch	_____
Russisch	_____
Englisch	**In the morning we visited the town.**
Französisch	_____
Russisch	_____
Englisch	**We had great fun in the Centre Pompidou.**
Französisch	_____
Russisch	_____
Englisch	**In the evening some of us went to a concert.**
Französisch	_____
Russisch	_____

Redeabsichten und Satzglieder **B** 6

2 *Ordne nun jedem Satz die entsprechende Variante in Französisch oder Russisch zu. Schreibe die französischen bzw. russischen Sätze an die entsprechende Stelle in Übung 1. Markiere auch in diesen Sätzen die Adverbialbestimmungen.*

Nous sommes partis en train.   Le soir, quelques-uns sont allés au concert.

Dans le Centre Pompidou, nous nous sommes bien amusés.

En mars, notre classe est allée à Paris.   Le matin, nous avons visité la ville.

Мы ездили поездом.   Вечером некоторые из нас пошли на концерт.

В центре Pompidou мы много веселились.

В марте наш класс поехал в Париж.   Утром мы осматривали город.

---

3 *Vergleiche die Stellung der Adverbialbestimmungen im Satz in den einzelnen Sprachen. Zu welchem Ergebnis kommst du?*

4 *Arbeite nun mit einem Partner.*
Findet heraus, ob es für die Stellung der Adverbialbestimmung im Englischen, Französischen oder Russischen bestimmte Regeln gibt. Nutzt dazu auch grammatische Nachschlagewerke. Vergleicht mit der deutschen Sprache.

! *Überlege, was dir in den Übungen wichtig erscheint und was du dir merken willst.*

VI.   Teste deine Grammatikkenntnisse

---

i

Du weißt, dass Tätigkeiten im Allgemeinen durch Verben wiedergegeben werden.
Es gibt Verben, die eine Tätigkeit bezeichnen, die sowohl auf eine Person als auch
auf eine Sache bezogen ist, z. B. jemandem etwas geben, schenken, zeigen, sagen.
Die Person ist dabei der Betroffene der Handlung, dem etwas gegeben, geschenkt,
gezeigt usw. wird. Die Person wird im deutschen Satz zum Dativobjekt,
der Gegenstand wird zum Akkusativobjekt,
z. B. Ich schenke meiner Mutti (*wem? = Dativobjekt*) zum Geburtstag
                einen großen Blumenstrauß (*was? = Akkusativobjekt*)

---

1 *Trage weitere deutsche Verben zusammen, die zwei Objekte erfordern.*

_____

_____

_____

_____

Redeabsichten und Satzglieder

2 *Überprüfe in den folgenden Sätzen, ob das, was im Merkkasten (S. 29) über die deutsche Sprache gesagt wurde, auch auf Englisch, Französisch bzw. Russisch zutrifft.*
Zu welchem Ergebnis kommst du?

I asked	our guide	many questions.	
J'ai posé		beaucoup de questions	à notre guide.
Я поставил(а)	нашему гиду	много вопросов.	
Our guide shows		the town	to tourists from all over the world.
Notre guide montre		la ville	aux touristes du monde entier.
Наш гид показывает		город	туристам со всей земли.

3 *In der Englisch-, Französisch- und Russischgrammatik werden die Bezeichnungen*
direktes und indirektes Objekt verwendet.
Finde mithilfe der Beispielsätze heraus, in welchem Verhältnis das Akkusativobjekt und das Dativobjekt in der deutschen Sprache zum direkten und zum indirekten Objekt in den anderen Sprachen stehen.
Ergänze dann die folgenden Sätze:

Das Akkusativobjekt entspricht in der Regel dem _____

Das Dativobjekt entspricht in der Regel dem _____

4 *Kennzeichne das indirekte und direkte Objekt in Aufgabe 2 in den einzelnen Sprachen jeweils mit der gleichen Farbe.*
Welche Besonderheiten bei der Stellung der Objekte im Satz hast du in den einzelnen Sprachen festgestellt? Kreuze an.

	direktes Objekt und indirektes Objekt können vertauscht werden	
	ja	nein
Englisch	☐	☐
Französisch	☐	☐
Russisch	☐	☐

Und wie sieht es in der deutschen Sprache aus?
Können Akkusativ- und Dativobjekt vertauscht werden?

5 *Suche in den Beispielsätzen der Übung 2 nach Erkennungsmerkmalen bzw. Besonderheiten für das indirekte Objekt in den einzelnen Sprachen.*
Vergleiche mit dem Dativobjekt im Deutschen.

6 *Erkläre einem Engländer und einem Franzosen oder einem Russen, der Deutsch als Fremdsprache lernt, was er beachten muss, wenn er in einem Satz Verben verwendet, die zwei Objekte erfordern.*

7 *Du hast englische, französische, russische und deutsche Kärtchen.*

Setze damit Sätze zusammen.

Achte vor allem auf die Stellung der Objekte im Satz.

him	in the shop	his mother	yesterday	bought	two pairs of shoes
played	in the afternoon	football	Mary and Peter	in the stadium	
the bag	gave	them	I	at the bus stop	this morning

à sa fille	le soir	montre	le catalogue	la mère
le père	une fleur	à son fils	à la maison	dessine
écrit	le matin	une lettre	à son ami	la sœur

im Kino	Maria und Susann	traf	ich	
mein Freund	am Montag	einen langen Brief	schrieb	mir
uns	Robert	am Sonntag	die neue Wohnung	zeigte

Ира	цветы	маме	покупает	иногда
слушают	на стадионе	вечером	рок-концерт	друзья
газету	даёт	Вова	другу	

B 6 Redeabsichten und Satzglieder

8 *Versuche gemeinsam mit einem Partner die kleine Geschichte, die in verschiedenen Sprachen geschrieben wurde, zu verstehen.*

1. Lisa geht jeden Morgen zu Fuß zur Schule.
2. Today she takes the bus.
3. On the corner Lisa meets her friends Tom and David.
4. Tom shows them a brand-new CD of „Red Hot Chili Peppers".
5. Sein Bruder hat ihm die CD geschenkt.
6. В школе друзья видят большую афишу.
7. L'affiche invite tous les élèves au prochain concert à l'école.
8. The pupils agree to go to the concert.
9. Ils aiment écouter la musique rock.
10. Лиза, Давид и Том хотят встретиться в 19 часов у входа в школу.

9 *Trage nun die Satzglieder der Sätze 1-10 in die folgenden Spalten ein.*

Subjekt	Prädikat	Direktes Objekt (dt.: Akkusativobjekt)

Indirektes Objekt (dt.: Dativobjekt)	Adverbiale Bestimmung der Zeit	Adverbiale Bestimmung des Ortes

1 *Lies die folgenden Texte in Englisch, Russisch, Französisch und Latein
und unterstreiche die groß geschriebenen Wörter.*

Hi!

Englischer Text

My name is William. I'm English and I come from Stratford. That's a fairly small town in
Warwickshire. It's not far from Oxford. I'm 13 years old. I've got a sister called Susan and
a brother called Paul. They are both younger than me. They still go to nursery school,
but I'm at secondary school.

Привет!

Russischer Text

Меня зовут Антон. Мне 14 лет. Я живу в Москве. Москва – столица России.

Priwjet.   Menja sowut Anton.   Mnje 14 let.   Ja shiwu w Moskwe.   Moskwa   stoliza   Rossii.

У меня ни брата ни сестры. Моя мама и мой папа работают в университете. Я учусь в

U menja ni brata ni sestry   Moja mama i moj papa rabotajut   w uniwersitetje.   Ja utschus w

гимназии и очень люблю иностранные языки. Я также играю в баскетбол и играю на

gimnasii   i otschen ljublju   inostrannyje   jasyki.   Ja takshe igraju   w basketbol   i   igraju   na

компьютере. Я регулярно рисую.

kompjuterje.   Ja reguljarno   risuju.

Salut!

Französischer Text

Je m'appelle Philippe et j'habite en France, à Paris. Notre appartement est près de la Seine.
Je parle allemand, mais seulement un peu. À l'école, j'ai appris l'anglais et l'espagnol.
J'aime le raï, surtout la musique de Khaled. Voilà sa photo.

Salve!

Lateinischer Text

Lydia sum, Romae habito. Pater meus senator clarus est. Saepe cum amicis in theatrum eo.
Ibi magnifica spectacula spectamus. Marcus, frater meus, libenter in Colosséum it.
Ibi ludos gladiatorios spectat. Sed ludi gladiatorii crudeles sunt.

2 *Kreuze an, was in den einzelnen Sprachen (Übung 1) groß oder klein geschrieben wird.*

	Satzanfang		Eigennamen		Substantive		alle anderen Wortarten	
	groß	klein	groß	klein	groß	klein	groß	klein
Englisch	☐	☐	☐	☐	☐	☐	☐	☐
Russisch	☐	☐	☐	☐	☐	☐	☐	☐
Französisch	☐	☐	☐	☐	☐	☐	☐	☐
Latein	☐	☐	☐	☐	☐	☐	☐	☐

In einer Sprache gibt es eine Besonderheit in der Groß- und Kleinschreibung.
Finde diese heraus und notiere sie hier:

B 7 Groß- und Kleinschreibung

Fasse deine Ergebnisse zusammen und schreibe sie auf.

Der Satzanfang und _____

werden in allen _____

👥 *Vergleiche nun mit einem Partner.*

3 *Suche dir zwei Texte in Englisch, Russisch oder Französisch aus und lies sie.*
Wie du siehst, war leider die Tastatur defekt und alles ist klein geschrieben.
Du kannst sicherlich helfen. Korrigiere.
Wenn du fertig bist, kannst du die Lösung bei deinem Lehrer erfragen und dann vergleichen.

a picnic

it was a lovely day last summer. the millers took something to eat for a picnic and went to
a beautiful place near london. but a lot of people had the same idea.
finally they found a nice place to stay. mrs miller prepared the sandwiches and henry
helped her. maria put the apples, the cake and the orange juice on the blanket.
suddenly mr miller saw a huge animal running through the field.
„back to the car – a bull!" mr miller shouted. that day the bull had a nice lunch.
it ate all the sandwiches, the apples, the cake and drank the orange juice.

моя подруга анне

мы живём в городе владимире, недалеко от москвы. мы – это мама, папа,
моя сестра таня и я. наш дом находится на улице гагарина. моя подруга анне
тоже живёт там. ей 14 лет. она немка, но она хорошо говорит по-русски.
мы учимся в одном классе. её мама и папа работают здесь на фирме.
она очень любит музыку рок-группы «нос». я тоже. сейчас мы на концерте
на стадионе. это здорово. группа играет очень хорошо.

isabelle

isabelle n'habite plus à strasbourg. elle habite maintenant à paris. elle a quitté ses amies
sylvie et jacqueline, mais elles l'appellent souvent au téléphone. isabelle parle du nouvel
appartement près de la place de la bastille, de son école, le collège victor hugo,
et de son sport préféré. elle aime bien faire de la danse avec sa copine agnès.
le week-end, elle est souvent à versailles avec sa mère, son père et son frère alain.
ils font une promenade dans le grand parc du château de louis XIV.
à la fin la journée, ils vont toujours chez charlotte. c'est un petit café
dans le centre de versailles. là, la glace est super.

Bis zum 12. Jahrhundert hatten Menschen in *Deutschland* nur einen Namen, den *Rufnamen*. Mit der Bildung größerer Städte und durch den zunehmenden Verkehr mit anderen Städten und Ländern kam es jedoch leicht zu Verwechslungen von Menschen mit dem gleichen Rufnamen.

Deshalb erhielten sie oft einen *Beinamen*. Der Beiname wurde häufig von den Eltern auf die Kinder übertragen. So entwickelten sich im 15. und 16. Jahrhundert feste *Familiennamen*. Unsere Personennamen bestehen *heute* aus *Vornamen* und *Familiennamen*. Familiennamen werden den Kindern vererbt, Vornamen werden von den Eltern gegeben.

Viele Vornamen stammen *aus anderen Sprachen*. Mit der Einführung des Christentums kamen hebräische, griechische und lateinische Namen in unsere Sprache: Rebecca, Jonathan (hebräisch), Andreas, Helena (griechisch), Claudia, Markus (lateinisch). Auch aus anderen Sprachen wurden Vornamen übernommen, z. B.: Marcel, Babette (französisch), Peggy, Mike (englisch), Carmen, Pedro (spanisch), Bianca, Mario (italienisch), Sascha, Katja (slawisch).

1 *Klärt die Herkunft und Bedeutung eures Vornamens und des Vornamens eurer Eltern und Geschwister. Nutzt dazu ein Vornamenbuch, ein anderes Nachschlagewerk oder das Internet.*

2 *Aus welchen Sprachen stammen folgende Vornamen? Legt eine Tabelle an, ordnet die Namen entsprechend zu. Nutzt auch hier Nachschlagewerke.*

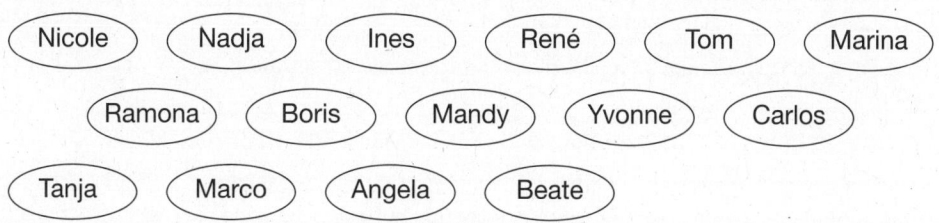

(Nicole) (Nadja) (Ines) (René) (Tom) (Marina)

(Ramona) (Boris) (Mandy) (Yvonne) (Carlos)

(Tanja) (Marco) (Angela) (Beate)

Ergänzt die Tabelle durch Vornamen eurer Mitschüler.

Oft kann man auch an den Familiennamen erkennen, aus welchem Land die Vorfahren einer Familie stammen.

So gibt es in bestimmten Gegenden viele Namen mit der Endung –ski, wie Michalski oder Kowalski. Diese Namen stammen meist aus dem polnischen Sprachraum. Aber auch französische Namen wie Lafontaine oder Fontane findet man in Deutschland.

3 *Stellt Vermutungen darüber an, aus welchen Sprachen die folgenden Familiennamen stammen. Überlegt, ob es typische sprachliche Merkmale gibt, die auf das Herkunftsland verweisen.*

(Kirjakow) (Petrowa) (Smith) (Depardieu) (Baggio)

(Michály) (Nagy) (Walewski)

4 *Lies die nachfolgenden Texte und verschaffe dir zunächst einen Überblick*
zum Gebrauch der Anrede in den verschiedenen Ländern.

---

i

Während man in Deutschland die Anrede *erwachsener Personen* Frau/Herr
mit dem Familiennamen verbindet (Frau Wagner, Herr Wagner), verwendet man
in **Russland** nur den *Vor- und Vatersnamen* (Ирина Алексеевна/*Irina Aleksejewna*,
Сергей Михайлович/Sergei Michailowitsch) und das *Sie*.
Unter Russen ist es verbreitet (und durchaus nicht unhöflich) sowohl bei einer direkten
als auch bei einer indirekten Anrede nur den Familiennamen des Angeredeten
zu verwenden, zum Beispiel: «*Iwanow, kak Wy stschitaete?*» (Иванов, как Вы
считаете? – *Iwanow, was meinen Sie?*) oder «*Kak Iwanow skasal…*» (Как Иванов
сказал … – *Wie Iwanow sagte…*).
Im Umgang mit *Ausländern*, die keinen Vatersnamen haben, wird die Anrede
gosposha (госпожа – Frau)/gospodin (господин – Herr) in Verbindung mit
dem *Familiennamen* gebraucht: *gosposha Wagner/gospodin Wagner*
(госпожа Вагнер, господин Вагнер).
Heute ist es auch schon üblich, dass deutsche Erwachsene mit Frau/Herr
angesprochen werden oder der *Vorname* und *Sie* verwendet werden.
Der *Vorname* und das *Du* werden wie bei uns im *Privatleben*
(Familie, Freundeskreis, Kollegen) gebraucht.
Die Anrede einer *namentlich unbekannten Person* ist für Ausländer nicht ganz einfach,
da es im Unterschied zu fast allen anderen europäischen Sprachen keine generell
anwendbare sprachliche Form gibt. Die Anrede hängt vom Alter und der konkreten
Gesprächssituation ab: *Mädchen (dewuschka/девушка)* bzw. *junger Mann*
(molodoi tschelowek/молодой человек), *Großmutter (babuschka/бабушка)*,
Tante(chen) (tjotja/тётя, tjotenka/тётенька) bzw. *Großvater (deduschka/дедушка)*,
Onkel(chen) (djadja/дядя, djadenka/дяденька).

Бабушка,
извините,
пожалуйста,
…

---

i

In **Frankreich,** wo Höflichkeit, Respekt, Charme und gebührliche Distanz sehr
geschätzt werden, spielen soziale Rangunterschiede bis heute eine Rolle.
So gibt es in bestimmten sozialen Kreisen immer noch Kinder, die ihre Eltern siezen
und Ehepartner, die ein Leben lang am *Sie* festhalten.
Allgemein gilt aber das *Du* in der *Familie* und im *Freundes- und Bekanntenkreis*,
im *offiziellen* Umgang das *Sie*.
Personen, die man siezt, werden mit *Madame (Mme)*, *Monsieur (M.)* ohne
Hinzufügung des Familiennamens angesprochen. Heutzutage erscheint dies vielen
aber als zu förmlich. Deshalb ist es möglich, einander zwar zu siezen, doch beim
Vornamen zu nennen, so z. B. unter Arbeitskollegen.
Es ist üblich, Menschen, mit denen man in Kontakt tritt, zu grüßen *(Bonjour Madame/*
Monsieur/Mademoiselle). Dies gilt auch für Personal im Bereich der Dienstleistungen
(Hotels, Geschäfte …). Natürlich darf der Dank für Bedienung, Hilfe u. ä. nicht
ausbleiben: *Merci bien./Merci beaucoup. (Vielen Dank)*.
Wenn man sehr nah an Personen vorbeigeht, deren Tätigkeit oder Unterhaltung
vielleicht sogar stört, sagt man zumindest *Pardon* oder fügt sogar ein
Vous permettez? – Gestatten Sie? hinzu.

Ma chère,
vous êtes trop
gentille!

In **Großbritannien** hat man den Vorteil, dass man nicht zwischen *Sie* und *Du* unterscheiden muss. Es kann jeder mit *you* angeredet werden.
Bei Erwachsenen solltest du folgende Anrede benutzen: *Mr Harris (Herr Harris)* – bei Männern, (egal, ob verheiratet oder nicht); *Mrs Williams (Frau Williams)* – bei verheirateten Frauen *Ms [miz] Collins (Frau Collins)* – bei unverheirateten Frauen bzw. wenn man nicht weiß, ob sie verheiratet sind oder dieser Umstand nicht von Bedeutung ist.
Die Anrede *Miss [mis] (Fräulein)* gilt heutzutage, außer in der Schule, als diskriminierend und sollte deshalb nur bei unverheirateten (älteren) Frauen benutzt werden, wenn diese es ausdrücklich wünschen.
Beachte: In England steht im Gegensatz zu den USA nach Mr, Mrs, Ms kein Punkt.
Bei akademischen Titeln gibt es einen wichtigen Unterschied zum Deutschen:
Der Titel (Dr., Professor usw.) wird nie zusammen mit der Anrede (Mr, Mrs, Ms) benutzt. Es heißt also: *Dr Mardsen (Herr/Frau Dr. Mardsen)* oder *Professor Bond (Herr/Frau Professor Bond)*. Für Ärzte gilt dies ebenfalls: *Good morning, Dr Hope*!

Dr Cole, I've caught a cold.

In den **USA** ist es unter Erwachsenen, wie in Frankreich, üblich einander mit *Vornamen* anzusprechen. Ist die Person allerdings wesentlich älter oder handelt es sich um offizielle Anlässe, wird auch die formale Anrede *Mr./Mrs./Ms.* und der *Familienname* gebraucht. Die Anrede *Mrs.* steht nur für *verheiratete* Frauen, die den *Familiennamen des Mannes* angenommen haben. Wenn sie ihren *eigenen Namen behalten*, steht als Anrede die neutrale Bezeichnung *Ms.* [miz], die, wie in Großbritannien, auch für unverheiratete Frauen als Alternative zu Miss [mis] verwendet werden kann.
Die Anrede Ms. findet man bereits häufig in der Presse und im Geschäftsverkehr, seltener bisher im mündlichen Sprachgebrauch. Typisch für die Namensgebung ist auch, den Kindern einen *zweiten Vornamen (middle name)* zu geben.

Mr. & Mrs. Miller

Im **alten Rom** gab es ein dreigliedriges Namenssystem aus *Vorname (praenomen)*, *Gentilname[1] (nomen gentilicum oder gentile)*, der die Familienzugehörigkeit angab, und einem *Beinamen (cognomen)*, z. B. Gaius Iulius Caesar, Marcus Tullius Cicero.
Der wichtigste Bestandteil des Namens war das *nomen gentile*, das auch vererbt wurde.
Zur näheren Bezeichnung konnte zum Gentilnamen noch die Abstammung vom Vater und die *Zugehörigkeit zum Stimmbezirk (tribus)* treten, z. B. *Marcus Tullius Marci filius Cornelia Cicero*. Dass das nomen gentile der wesentlichste Bestandteil des Namens war, zeigt auch, dass es nur 11 Vornamen (beim Adel 7 weitere) gab. Sprach man jemanden an, verwendete man *tu (du)*. Man benutzte das praenomen, wenn man jemanden näher kannte, praenomen und nomen gentile, wenn man jemanden nicht oder nicht so gut kannte, im Vokativ[2].

[1] Vgl. gens: auf Blutverwandschaft beruhende Gemeinschaft
[2] Im Gegensatz zum Deutschen, Englischen, Französischen und Russischen verfügt das Lateinische über einen Kasus (Fall) der Anrede – den Vokativ. Diesen Kasus gibt es auch im Polnischen und im Tschechischen.

5 *Versucht nun die vielen Informationen der Texte zu ordnen. Am besten bearbeitet jede Gruppe nur einen Text. Nutzt dazu die Tabelle (S. 40). Füllt die Spalten aus, zu denen ihr Informationen gefunden habt. Tragt anschließend eure Ergebnisse in der Klasse zusammen.*
Überlegt, welche Gemeinsamkeiten und Unterschiede es im Vergleich zu Deutschland gibt.

6 *Vielleicht habt ihr jetzt Lust bekommen, euer Wissen auch im Rollenspiel anzuwenden.*
Überlegt euch kleine Szenen, in denen ihr die richtige Anrede üben könnt.

Namen und Anreden

	Offiziell	Namentlich unbekannte Person	Privat
Russland			
Frankreich			
Großbritannien			
USA			
Im alten Rom			

7 Setzt euch in Tischgruppen zusammen und ergänzt die Redewendungen,
die euch aus dem Englisch-, Französisch-, Russisch- bzw. Lateinunterricht bekannt sind.
Anschließend bittet ihr Mitschüler, die eine andere Muttersprache als Deutsch haben,
die entsprechenden Redewendungen aufzuschreiben und vorzusprechen.
Versucht euch im Nachsprechen.
Solltet ihr an der Schule keine mehrsprachigen Schüler haben, startet ein Mini-Projekt.
Fragt z. B. im nahe gelegenen Döner-Imbiss oder im Asia-Markt oder im eigenen Wohnumfeld nach.
Auch bei Mitarbeitern der Ausländerbehörde könnt ihr Unterstützung finden.
Tragt die Ergebnisse in der Gruppe vor und wertet sie in einer Diskussion aus.

	Englisch	Russisch	Französisch
Guten Tag !			
Wie geht's ?			
Danke, gut.			
Wie heißt du ?			
Ich heiße ...			
Tschüs.			

	Lateinisch	Andere Sprachen	Andere Sprachen
Guten Tag !			
Wie geht's ?			
Danke, gut.			
Wie heißt du ?			
Ich heiße ...			
Tschüs.			

In keinem Land der Welt verständigt man sich nur mit Worten. Mimik und Gestik (Körpersprache) spielen überall eine wichtige Rolle. Manchmal werden Mimik und Gestik auch von Geräuschen oder Worten begleitet.

1 *Arbeitet in Gruppen und tragt zusammen, wie man in Deutschland*
üblicherweise Folgendes ausdrückt:

| Zustimmung | Ablehnung | Siegesfreude |

| Erstaunen | Nichtwissen | Total verrückt! |

Spielt die von euch in der Gruppe gefundenen Ausdrucksformen euren Mitschülern vor.

2 *Tragt nun zusammen, was man ausdrücken kann,*
z. B.

| mit den Fingern | mit der Hand | mit der Faust | mit dem Kopf |

3 *Es gibt in der deutschen Sprache Redewendungen, in denen von Gesten die Rede ist.*
Erklärt euch gegenseitig, wann oder von wem diese Redewendungen benutzt werden
und welche Bedeutung sie haben.

| von oben herab sehen | auf Knien bitten | sich die Haare raufen |

| den Buckel runterrutschen | mit der Faust auf den Tisch schlagen |

Fallen euch weitere Beispiele ein? Schreibt sie auf.

_____

_____

_____

4 *Auch in anderen Ländern wird die Körpersprache verwendet. Viele Gesten und Gebärden sind*
oft weltweit verbreitet und werden mit der gleichen Bedeutung verwendet.
Schaut euch die nachfolgenden Bilder an und findet heraus, was mit Mimik oder Gestik
ausgedrückt wird.

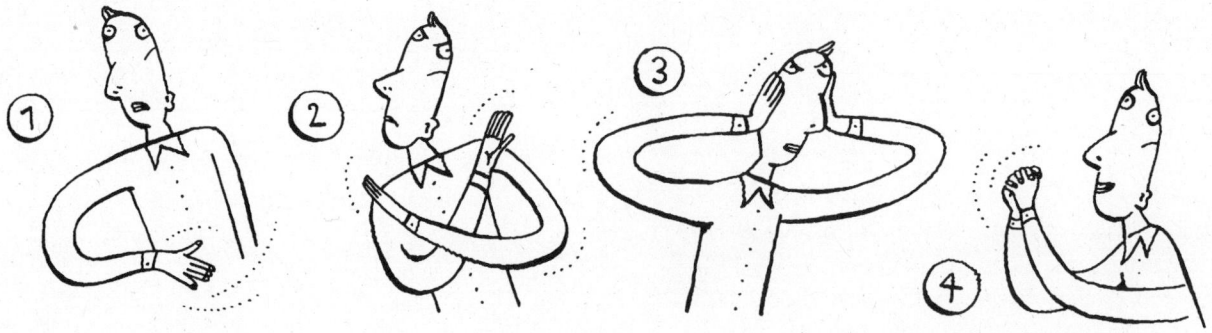

Manche Gesten und Gebärden sind nur in bestimmten Ländern verbreitet oder haben ihren Ursprung in einem bestimmten Land. Die nachfolgenden Bilder zeigen einige dieser Gesten.

5 Überlegt, ob die abgebildete Körpersprache auch in Deutschland verwendet wird und mit welcher Bedeutung dies erfolgt.

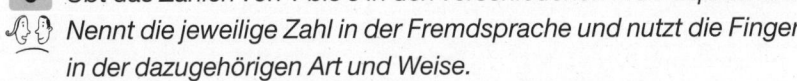

6 Übt das Zählen von 1 bis 5 in den verschiedenen Fremdsprachen. Nennt die jeweilige Zahl in der Fremdsprache und nutzt die Finger in der dazugehörigen Art und Weise.

Russland i

Bei Aufzählungen hält der Russe die Hand so, dass die Handfläche zu ihm zeigt. Nun greift er mit der anderen Hand an den kleinen Finger und knickt ihn in die Handfläche, was soviel bedeutet wie „erstens". Bei „zweitens", „drittens" usw. werden nacheinander der Ringfinger, der Mittelfinger usw. eingeknickt. Der Daumen kommt erst bei „fünftens" zum Einsatz. Will man mit den Fingern anzeigen, dass man 2 Glas Wasser haben möchte, nutzt man dazu den Zeigefinger und den Mittelfinger.

Großbritannien i

Einige Briten zählen so, wie es auch in Deutschland üblich ist, d. h. es wird mit dem Daumen begonnen, der die Zahl *Eins* anzeigt. Andere aber zählen so wie die Amerikaner, d. h. der Zeigefinger steht für die *Eins*.

USA i

Der Amerikaner zeigt durch den ausgestreckten Zeigefinger der erhobenen Hand die Zahl *Eins* an; die *Zwei* durch Zeige- und Mittelfinger; die *Drei* durch Zeige-, Mittel- und Ringfinger und die *Vier* durch alle Finger der Hand ohne den Daumen. Dieser kommt erst bei der *Fünf* mit ins Spiel.

Frankreich i

Beim Aufzählen klappt der Franzose die in die Handfläche hineingekrümmten Finger mit Hilfe der anderen Hand auf und beginnt dabei mit dem Daumen für die *Eins*. Es folgen Zeigefinger, Mittelfinger, Ringfinger und am Schluss der kleine Finger für die *Fünf*.

7 Manche Gesten und Gebärden werden von Worten begleitet.
Prägt euch diese für die Fremdsprache(n) ein, die ihr lernt.
Ergänzt die deutsche Variante dort, wo es üblich ist,
auch im Deutschen Mimik und Gestik zusätzlich mit Sprache zu verbinden.
Findet dabei Unterschiede und Gemeinsamkeiten in den einzelnen Sprachen heraus.

Russisch
Во! (Я вчера во (+ жест) какой фильм видел!)
Классно! Супер! То, что надо!

Französisch
Super! Génial!

Englisch
Good! Great! Fine! Perfect! Well done!

Deutsch
_____
_____
_____

Russisch (Finger wird dabei gedreht)
Ку-ку. (У моего брата не все дома.)
Ты того (+ жест).

Französisch
T'es fou/folle (dingue)!

Englisch (USA)
Now I got it! Now I understand! Ah! OK!

Deutsch
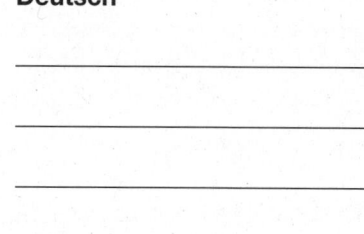
_____
_____
_____

Russisch
Тс-с-с! Тише! Молчи!

Französisch
Silence. Chut.

Englisch
I'm thinking. Oder je nach Augenkontakt:
Be quiet!

Deutsch
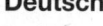
_____
_____
_____

Russisch
Блин! Как же я мог/могла! Чёрт возьми!

Französisch
Que j'aie été bête.
Je suis con! (Jugendsprache)

Englisch
sehr selten, wenn überhaupt, dann nur als
leichte Handbewegung über die Stirn mit
der Bedeutung „Das war knapp!", „Gerade noch
mal davon gekommen!"
That was a close call.

Deutsch
_____
_____
_____

8 Die folgenden Besonderheiten solltest du kennen und bei einem Kontakt zu Menschen aus diesem Land unbedingt berücksichtigen.
Vergleiche mit entsprechenden Gepflogenheiten in Deutschland oder in anderen Ländern, deren Sprache du lernst oder beherrschst oder in denen du schon gewesen bist.
Tauscht eure Ergebnisse in der Klasse aus.

Blickkontakt und Lächeln

Russland i

Vor allem in der Öffentlichkeit fällt auf, dass Passanten auf der Straße, Fahrgäste in Verkehrsmitteln, Verkäuferinnen oder Angestellte auf Ämtern kaum lächeln und den direkten Blickkontakt meiden.
Das Lächeln in der Öffentlichkeit ist eher unüblich. Der direkte Blickkontakt wird vor allem von jungen Mädchen und Frauen häufig als unbescheiden und aufdringlich verstanden.

USA i

Amerikaner sind sehr offen und freundlich zu Fremden. So erhält man auf offener Straße auch von Unbekannten oft ein Lächeln oder Kopfnicken.
Diese offensichtliche Freundlichkeit (friendliness) darf man aber nicht mit Freundschaft (friendship) verwechseln.

Die Kunst, jederzeit so betrübt zu sein

Großbritannien i

Großbritannien ist höflich. Es ist unmöglich, jemanden anzurempeln und sich dafür nicht zu entschuldigen. Der Brite versichert dann, wie betrübt er sei „I'm so sorry". Dies tut er sehr oft am Tag und im Tonfall echten Bedauerns.
Man sagt, dass diese ständige Bereitschaft zur Betrübnis den Gesichtsausdruck der Briten prägen würde.
Dennoch ist das Anlächeln von Unbekannten durchaus typisch für den Briten, vor allem außerhalb von London und je nördlicher man kommt.

Berührung und Körpernähe

Russland i

Die russische Kultur ist eine Kultur der Berührung, der Körpernähe. Russen halten in der Regel einen kleineren Abstand – oft kaum einen halben Meter und haben auch nichts gegen eine sich daraus ergebende Berührung.
Das heißt, in Russland stehen oder sitzen die Leute viel dichter beieinander und schließen sofort dicht auf, z. B. an der Haltestelle, im Bus, auf Bänken usw.

USA i

Amerikaner meiden bei Fremden die Körpernähe. Sie halten in Gesprächen mindestens eine Armlänge Abstand zum Gesprächspartner und mögen es nicht, z. B. in Verkehrsmitteln mit anderen Personen dicht beieinander zu stehen oder zu sitzen.

Begrüßung und Händedruck

Frankreich

Hier muss man sehr zwischen der öffentlichen und der privaten Atmosphäre unterscheiden. Der Händedruck ist bei der Begrüßung vor allem bei Personen üblich, die man nicht kennt. Männer (auch wenn sie einander bekannt sind) geben öfter die Hand.
Kennen sich die Personen (Mann und Frau oder Frau und Frau) gut, erfolgt die Begrüßung unbedingt mit 2 - 4 Wangenküssen, und zwar meist zuerst auf die linke Wange.
Der Wangenkuss ist unter Männern nicht üblich.

Großbritannien

In Großbritannien ist man nicht sehr auf das Hände schütteln versessen. Dennoch tun Männer dies, wenn sie einander vorgestellt werden, d. h. bei einer ersten Begegnung. Frauen haben etwas mehr Spielraum und brauchen sich nicht verpflichtet fühlen, als erste die Hand auszustrecken.
Unter Freunden entfällt das Hände schütteln gänzlich.
Junge Leute umarmen sich oft zur Begrüßung.

USA

Der Händedruck ist bei der Begrüßung üblich bei Geschäftsleuten oder Personen, die man nicht kennt. Sieht man sich regelmäßig, begrüßt man sich nicht mit Handschlag. Männer verwenden den Händedruck öfter als Frauen.
In jüngster Zeit ersetzt der „Pseudo-Kuss" den Handschlag, jedoch nicht unter Männern. Dabei berühren sich die Wangen beider Personen, die Lippen sind zum Kuss geformt, ohne den anderen aber wirklich zu küssen. Dabei legt man eine Hand locker auf die Schulter des anderen, also keine innige Umarmung.
Mädchen umarmen sich meist zur Begrüßung gegenseitig, Jungen tippen die Schulter des anderen zur Begrüßung an oder berühren die Handflächen.

Russland

Auch in Russland muss man zwischen der öffentlichen und der privaten Atmosphäre unterscheiden.
Der Händedruck ist bei der Begrüßung üblich – vor allem bei Personen, die man nicht kennt.
In öffentlichen Situationen umgehen Frauen den Händedruck meistens. Wenn er dann doch gegeben werden muss, fällt er sehr zögernd und weich aus.
In der privaten Atmosphäre erfolgt die Begrüßung oft sehr überschwänglich und umfasst den Händedruck, die Umarmung und einen Wangenkuss.
Wichtig: Nie einen Gastgeber über der Türschwelle begrüßen – das soll Unglück bringen.

Übrigens

Bei den **alten Römern** war es üblich, seine Reden durch lebhafte Mimik (vultus) und Gestik (gestus) zu begleiten, damit die Zuhörer auch richtig mitgerissen wurden. Dabei musste der Redner immer darauf achten, dass ihm eigentlich nur eine Hand zum Gestikulieren zur Verfügung stand, da die Toga, die man bei Auftritten in der Öffentlichkeit trug, nicht verrutschen durfte.

In der Welt werden über 5000 Sprachen gesprochen.
Davon sprechen ungefähr

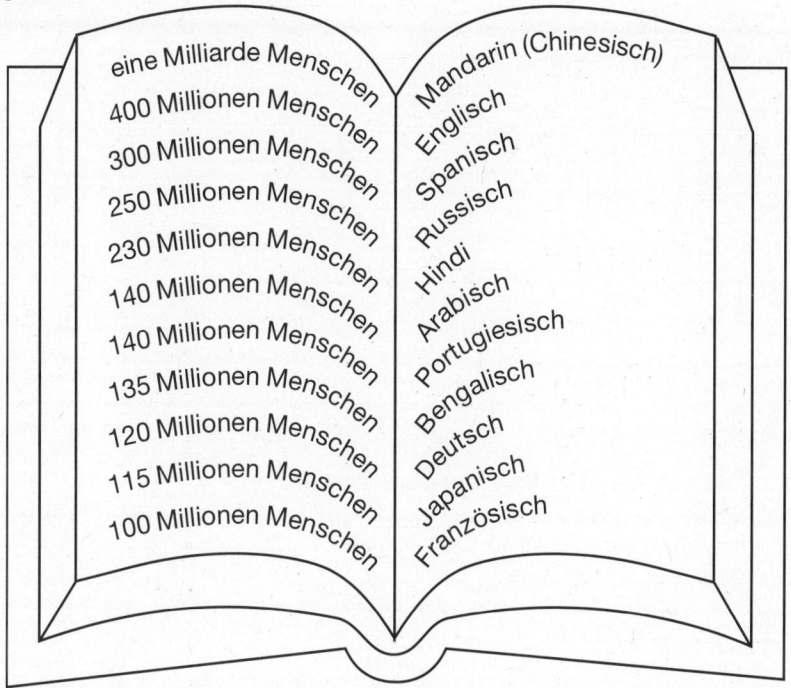

eine Milliarde Menschen — Mandarin (Chinesisch)
400 Millionen Menschen — Englisch
300 Millionen Menschen — Spanisch
250 Millionen Menschen — Russisch
230 Millionen Menschen — Hindi
140 Millionen Menschen — Arabisch
140 Millionen Menschen — Portugiesisch
135 Millionen Menschen — Bengalisch
120 Millionen Menschen — Deutsch
115 Millionen Menschen — Japanisch
100 Millionen Menschen — Französisch

Nicht alle Sprachen kannst du in der Schule lernen. Deine Kenntnisse in Englisch, Französisch oder Russisch helfen dir aber, auch andere verwandte Sprachen ein wenig zu verstehen. Wenn du dich damit beschäftigst, wirst du sehen, dass das gar nicht so schwer ist. Vor allem macht es Spaß, sich in einer neuen Sprache zu versuchen. Vielleicht kannst du in eurem nächsten Urlaub sogar davon profitieren.

> **i**
> Ursprung der romanischen Sprachen ist Latein.
> Französisch gehört zur Gruppe der romanischen Sprachen, ebenso wie Italienisch, Spanisch, Portugiesisch und Rumänisch.

1 *In welchen Ländern verbringen Franziska, die gern Tennis spielt, Tobias, der gern fern sieht und Ronaldo, der gern ins Restaurant geht, ihre Ferien?*
Ordne die drei Schüler dem jeweiligen Land zu. Schreibe den Namen des Reiselandes auf und ergänze die entsprechenden Autokennzeichen.

(B) (F) (PL) (RUS) (P) (L) (D) (I) (E) (GB) (RO)

¿Puede poner la "tele", por favor?	Esta mesa está livre?	Ciao, Enrico! Come stai?
Perdone. No la entiendo.	Dê-me a lista, faz favor.	Hai voglia di giocare a tennis?
Por favor, repitalo.	O que tem de fruta?	Alle otto, come al solito?
	Vou tomar um café.	D'accordo, a domani.

( ) ( ) ( )

_____ _____

2 *Ergänze die Sprachen, die in den Ländern, in die Franziska, Tobias und Ronaldo fahren (Übung 1) gesprochen werden.*
Schreibe dann Wörter aus Übung 1 auf, die du als „Verwandte" des Lateinischen oder Französischen entdeckt hast und die dir geholfen haben, die Texte zu verstehen.

_____   _____   _____

_____   _____   _____

_____   _____   _____

_____   _____   _____

_____   _____   _____

3 *Franziska bewohnt mit ihren Eltern in Italien ein Apartment,*
Tobias wohnt in einem spanischen Ferienhaus, das auch über einen Fahrstuhl verfügt.

Beschrifte die Grundrisse.

Die Unterkunft von Franziska

un bagno
un salotto
una camera da letto (Schlafzimmer)
un balcone
una cucina
un ascensore

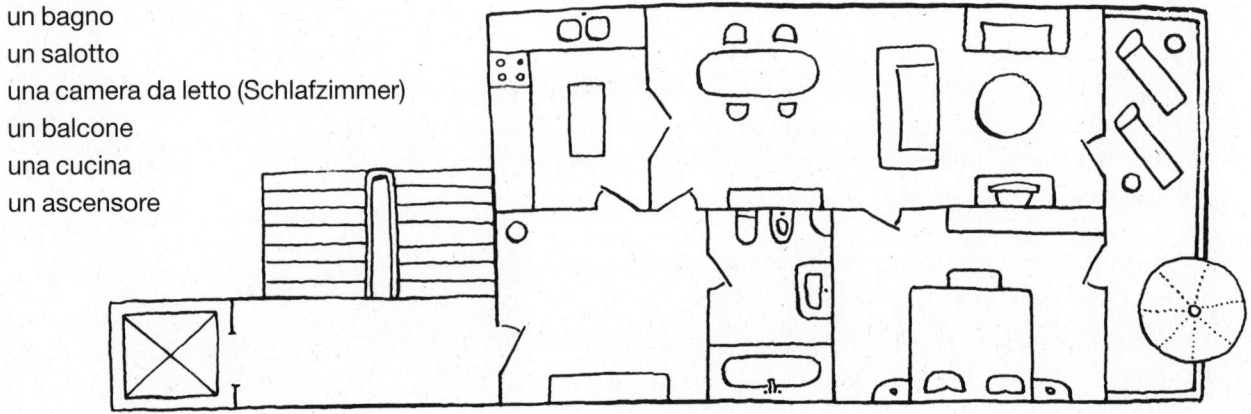

Das Ferienhaus von Tobias

el dormitorio (2)
el baño
la sala de estar (Wohnzimmer)
la cocina
el balcón
el ascensor

4 Schüttele die Buchstaben und bringe sie in die richtige Reihenfolge.
Trage die gefundenen lateinischen und französischen Wörter in die Tabelle ein.

l a t e b = _____   n a s m e = _____

e s i h a c = _____   l a s e l = _____

l e u f r = _____   s o l f = _____

l é v i t é r u e s = _____   l e v i t e s i c i f m u
                                        = instrumentum _____

Deutsch	**Französisch**	Italienisch	Spanisch	Portugiesisch	**Lateinisch**
der Tisch	la	la tavola	la mesa	a mesa	
der Stuhl	la	la sedia	la silla	a cadeira	
die Blume	la	il fiore	la flor	a flor	
der Fernseher	le	il televisore	el televisor	a televisor	instrumentum

5 Beschrifte nun die Gegenstände in den fünf Fremdsprachen.

  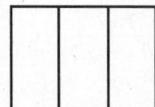 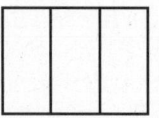  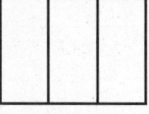 

| Portugal | Spanien | Italien | Rumänien | Großbritannien | Frankreich | Russland |

6 *Franziska und Tobias fliegen zurück. Im Flughafengebäude „schwirren" viele Sprachen durcheinander. Erkennst du sie?*
Zeichne um die sprachlichen Äußerungen den Umriss des jeweiligen Landes. Nutze dazu den Atlas. Gestalte die entsprechenden Flaggen farbig.

E allora, le vacanze,
sono andate bene?

¿A qué hora hay que
facturar el equipaje ?

Os senhores passageiros
com destino a Lisboa
queiram dirigir-se para
a porta de embarque
número cinco.

Vol Air France à destination de
Hambourg, embarquement
immédiat.

7 *Teste nun deine Kenntnisse im Erschließen fremder Sprachen.*
Stelle fest, ob es Ähnlichkeiten zwischen den romanischen Sprachen und dem Englischen gibt.
Markiere sie. Was fällt dir zum Gebrauch des Artikels auf?

Français	le pays	l'État	la frontière	les vacances	le territoire	l'argent	l'hôtel
Italiano	il paese	lo Stato	la frontiera	le vacanze	il territorio	il denaro	l'hotel
Español	el país	el Estado	la frontera	las vacanciones	el territorio	el dinero	el hotel
Português	o país	o Estado	a fronteira	as férias	o território	o dinheiro	o hotel
English	country	state	frontier	vacation (AE)	territory	money	hotel

Russisch gehört zur Gruppe slawischer Sprachen, ebenso wie z. B. Polnisch, Tschechisch, Bulgarisch oder Kroatisch. In Bulgarien wird wie in Russland das kyrillische Alphabet verwendet, in Polen, Tschechien und Kroatien das lateinische.

i

1 *Lies die Wörter und ergänze die russische Entsprechung.*

Tschechisch	Polnisch	Bulgarisch	Russisch
Dobrý den!	Dzień dobry!	Добър ден!	_____
host	gość	гост	_____
večer	wieczór	вечер	_____
zitra	jutro	утре	_____
chléb	chleb	хляб	_____
máslo	masło	масло	_____
sýr	ser	сирене	_____
minerálni voda	woda mineralna	минерална вода	_____
vino	wino	вино	_____
v pondĕli	w poniedziałek	в понеделник	_____
v sobotu	w sobotę	в събота	_____
Kde je ...?	Gdzie jest ...?	Къде е ...?	_____
vlevo	na lewo	наляво	_____
vpravo	na prawo	надясно	_____
tramvaj	tramwaj	трамвая	_____
pošta	poczta	поща	_____
Na shledanou!	Do widzenia!	До виждане!	_____

2 *Suche aus den folgenden polnischen Wörtern die heraus, die den sieben russischen Wörtern entsprechen und trage sie ins Kreuzworträtsel ein:*

kuchnia, wieczór, daleko, most, okno, bilet, trolejbus, woda, dom, blisko, niebo, las

1. окно
2. троллейбус
3. лес
4. небо
5. вечер
6. вода
7. мост

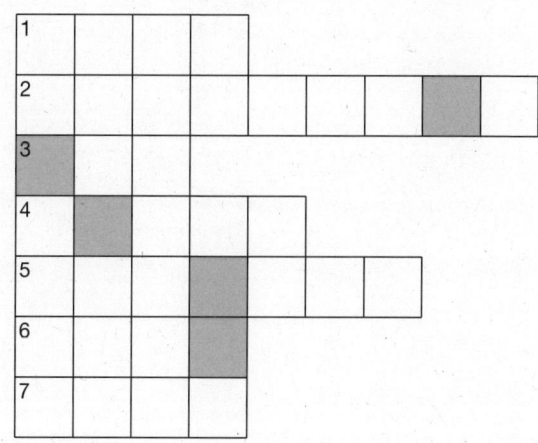

Die Buchstaben in den grauen Feldern ergeben ein Wort, das du sicher sofort ins Russische übersetzen kannst.

_____

3 *Im Russischen kennst du schon eine Reihe von Bezeichnungen für Familienangehörige.*
Auch hier gibt es Ähnlichkeiten zu anderen slawischen Sprachen.
Ordne den Ziffern auf der Zeichnung die passenden tschechischen Wörter zu:

| syn | bratr | vnuk | matka | babička | sestra | vnučka | otec | dědeček |

Kdo je to?

1 _____

2 _____

3 _____

4 _____

5 _____

6 _____

7 _____

8 _____

9 _____

4 *Kroatien ist ein beliebtes Urlaubsziel der Deutschen, auch dort helfen dir deine Russischkenntnisse einiges zu verstehen.*
In einem Reiseführer fanden wir folgende Wörter und Wendungen. Übersetze sie ins Deutsche.

Begrüßung, Vorstellung, Verabschiedung, Verständigung

Dobro jutro! Dobra dan! _____

Do viđenja! _____

Kako Vam je ime? _____

Moje ime je ... _____

To je gospodin/gospođa ... _____

To je moj brat/moja sestra. _____

Govorite li njemački/engleski? _____

Oprostite/Izvinite! _____

Unterwegs in der Stadt

Gdje je autobusna stanica? _____

Koji autobus/tramvaj vozi u ...? _____

Gdje mogu kupiti kartu? _____

Gdje je muzej/crkva/dvorac/pošta/stari grad? _____

_____

Daleko je./Nije daleko. _____

Pođite lijevo/Pređite most/ulicu. _____

Zeitangaben, Wochentage, Jahreszeiten

navečer/noću/dnevno/dva dana _____

subota/ponedjeljak/srijeda _____

ljeto/zima _____

5 *Vielleicht habt ihr jetzt Lust bekommen, noch mehr zu lernen.*
✎ *Dann holt euch in der Bibliothek Reiseführer oder Wörterbücher und erstellt in eurer Klasse eigene Wortlisten mit wichtigen Formulierungen für euren nächsten Urlaub in Polen, Tschechien, Bulgarien oder Kroatien.*

Lesen unbekannter Texte

1 *Arbeitet zu dritt oder zu viert.*

Überlegt gemeinsam, wie ihr vorgeht, um einen längeren Text lesen und verstehen zu können. Formuliert Lesetipps.

Vor dem Lesen

Während des Lesens

Beim *ersten Lesen* des Textes (hier geht es darum, Hauptgedanken zu erfassen)

Beim *zweiten Lesen* des Textes (hier geht es um das genaue Erschließen des Textes entsprechend der Aufgabenstellung)

Schreibt auf, welche Möglichkeiten es gibt, unbekannte Wörter zu erschließen.

Nach dem Lesen

(Darstellung der Leseergebnisse entsprechend der Aufgabenstellung)
Schreibt auf, welche Möglichkeiten es gibt, die gefundenen Ergebnisse darzustellen.

---

2 *Tauscht nun mit den anderen Gruppen eure Resultate aus.*

3 *Vergleicht eure Ergebnisse mit den Lösungshinweisen und ergänzt ggf. eure Lesetipps.*

4 *Auf den folgenden Arbeitsblättern findet ihr Textbeispiele in Englisch, Russisch, Französisch, Latein. Wählt einen Text aus, lest ihn aufmerksam durch. Ordnet in jede Spalte der darunter stehenden Tabelle euch unbekannte Wörter nach den verschiedenen Erschließungsmöglichkeiten ein.*

5 *Lies den Text noch einmal und löse auf dem Arbeitsblatt die Aufgabe unter dem Text selbstständig. Wende dabei alle Lesetipps an.*

Arbeitsblatt Englisch

26 Hill Street
Bristol
L17 6HS
12th April

Dear Jim,

How's my day? Well, I always get up at six. You know – I never get up before seven at home.
It is really very early for me, but now I've got used to it and it's okay.
First I prepare the breakfast for the children. Then I wake them up and give them
their breakfast. After breakfast I take Sarah and Jennifer to their schools and little James
to his kindergarten – in the car. That's right, I've got a car!
The Greens have got two, and I can use one of them.
School starts at 8.30 here, so I'm back at 8.45. The Greens are at work then, and I clean
the house and make lunch for little James. The kindergarten is only open in the morning,
so he's home in the afternoons. I fetch him at 11.30.
In the afternoons I play with James or we go to the park or he sleeps. Then I usually fetch Sarah
from school at 3.30. Jennifer – she's 14 – does lots of activities at school.
So I often fetch her at five. That is a problem, because the Greens are mostly back at six
and like a big dinner on the table. After dinner I help the girls with their homework.
I always go to bed at 10.30.
At the weekends I have one free evening. I usually meet my friends.
That's all for today. It's already late in the evening. More in my next letter.
Love,
Sandra

Ähnlichkeit mit der Muttersprache	Gleiche oder ähnliche Wörter in anderen Sprachen		Kontext	Wörterbuch

✎ *Who belongs to the Green family and what do you get to know about them?*
List all the information about Sandra's day.
Present your findings in a clearly structured way.

Arbeitsblatt Russisch

Наш день

6 часов утра. Надя, Саша и Иван Иванович ещё спят. А Мария Николаевна встаёт,
идёт на кухню и готовит завтрак. Потом Мария Николаевна будит всех. В 7 часов
Гончаровы завтракают. В 7 часов 45 минут Надя и Саша идут в школу,
а Иван Иванович и Мария Николаевна едут на работу. У них интересная работа.
Она гид, а он журналист.
Сегодня в 11 часов у Марии Николаевны экскурсия по городу. Она очень хорошо
знает Москву и интересно рассказывает о городе. В 1 час 30 минут Мария Николаевна
и туристы из Германии обедают в ресторане. После обеда экскурсия в Кремль.
В 4 часа она идёт в магазин и приходит домой в 7 часов. Другие члены семьи уже дома.
Надя и Саша делают уроки, а Иван Иванович читает газету.
Мария Николаевна готовит ужин, и в 8 часов они сидят за столом и ужинают.
После ужина все убирают кухню и помогают маме.
Потом они отдыхают. Саша слушает музыку, Надя читает книгу, Иван Иванович и
Мария Николаевна смотрят телевизор. В 10 часов все уже спят.

Ähnlichkeit mit der Muttersprache	Gleiche oder ähnliche Wörter in anderen Sprachen	Kontext	Wörterbuch

✎ *Кто входит в семью?*
Найдите информацию о режиме дня этой семьи.
Определите форму вашего изложения сами.

Arbeitsblatt Französisch

La famille Leblanc habite le quinzième arrondissement à Paris.
Le père, Christian, est sculpteur. Il travaille dans un atelier à l'extérieur de chez
lui. La mère, Annie, est professeur. Elle travaille au collège « Jules Verne »
au centre-ville. Les deux filles, Marion et Clémence, vont à l'école.

Une journée dans la famille

Il est six heures du matin. La famille Leblanc dort encore.
Tous les jours, la famille se lève à six heures et demie.
D'abord, la mère est dans la salle de bains, ensuite le père. Pendant que le père se lave,
la mère prépare le petit déjeuner. A sept heures, les enfants se lèvent, vont dans la salle de bains
et s'habillent. Vingt minutes plus tard, toute la famille est à table et prend le petit déjeuner.
C'est le moment de la journée que la famille préfère. Après le petit déjeuner, à sept heures et demie,
les deux filles rangent la cuisine et préparent les cartables. M. Leblanc écoute les premières
informations de la journée à la radio et Mme Leblanc se maquille. A huit heures moins vingt,
il est temps de prendre le métro pour aller à l'atelier et à l'école.
M. Leblanc a beaucoup de travail. Mais à midi et demie, il commence à avoir faim.
Il va déjeuner au restaurant. Les filles déjeunent à la cantine de l'école. Elles retournent
de l'école avec la mère à cinq heures. M. Leblanc est à la maison à sept heures et quart.
A sept heures et demie, la famille Leblanc prend le dîner. Après le dîner, les filles écoutent
de la musique ou font des devoirs et les parents regardent la télé.
Plus tard, à dix heures, les enfants vont au lit.

Ähnlichkeit mit der Muttersprache	Gleiche oder ähnliche Wörter in anderen Sprachen	Kontext	Wörterbuch
_____	_____	_____	_____
_____	_____	_____	_____
_____	_____	_____	_____
_____	_____	_____	_____
_____	_____	_____	_____
_____	_____	_____	_____
_____	_____	_____	_____
_____	_____	_____	_____
_____	_____	_____	_____
_____	_____	_____	_____

✎ *Relisez le texte et notez les personnes qui font partie de la famille.*
Trouvez les informations sur la journée de la famille.
Choisissez une possibilité de présenter vos résultats.

Arbeitsblatt Latein

Cari amici, salvete!

Nunc duos annos Romae sum. Omnia monumenta clara et
spectacula laeta visitavi: templum Junonis, templum Veneris,
Forum Romanum, Aquam Claudiam, Viam Appiam, Circum
Maximum, gladiatores et cetera.

Cottidie in foro Caesarem et Ciceronem audio, qui magnas orationes
de legibus et de re publica habent. Summo gaudio libros eorum legi.

Lingua Latina difficilis non est: Iam multo dialogis cum philosophis et magistris doctis intellego.
Stupebitis:

Maximam villam novam habito. Portae nigrae et fenestrae virides sunt.

Haec villa parentibus amici est. Claudiam, filiam eorum, cuius imaginem semper mecum porto,
valde amo. Multos dies sexta hora cum ea ad ripam fluminis ambulo et saepe comoedias
in theatro spectamus.

Spectatores valde plaudunt et magna voce clamant, quod iam plurimum vini biberunt.

Theatrum certe antiquum est, sed nihil plus iuvat quam spectacula iocosa videre.

Heri frustra amicam meam exspectavi; locus noster vacuus erat et quantum in viis accidit!

Subito Davus, servus patris, ad me miserum venit et mihi litteras dedit: Claudia laborat et
venire non potest. Sed hodie omnia bona sunt.

Vita in Italia dulcis est, amici!

Valete, Arminius.

Ähnlichkeit mit der Muttersprache	Durch Fremdwörter bekannt	Ähnlichkeiten mit anderen Sprachen	Kontext	Wörterbuch

 Was erfahren wir über den Aufenthalt des Germanen Arminius in Rom?
   – allgemeine Informationen
   – Privatleben

Gesunde Ernährung

6 *Dein Freund ist der totale Gesundheitsfreak. Im Papierkorb vor einem Supermarkt, in dem ihr beide etwas zu trinken kaufen wollt, entdeckst du ziemlich unleserliche Schnipsel eines Tetrapacks Saft, den du sehr gern trinkst. Das Problem ist, dass dein Freund erst ganz genau wissen will, ob der Saft auch wirklich gesund ist. Also beginnt ihr die Schnipsel zu studieren. Was rätst du ihm? Kann er den Saft bedenkenlos trinken? Könnt ihr den deutschen Text wieder komplett herstellen?*

MULTIVITAMIN-12-FRUCHTSAFT

aus Fruchtsaftkonzentrat
Fruchtgehalt: 100%

Angereichert mit lebenswichtigen Vitaminen und Provitamin A,

D

Den ▮▮▮ löschen und zugleich den
mit ▮▮▮▮▮▮▮▮▮▮ versorgen.
Mit 23% ▮▮▮▮▮▮
5% ▮▮▮▮▮ und 2%
Mit hohem Anteil an Vitamin C, Vitamin E und
Provitamin A.
Der Verzehr von 100 ml Vitamindrink deckt 60% des
Tagesbedarfs eines ▮▮▮▮▮▮▮ an Provitamin A
sowie ▮▮▮▮ E und C ab.
Eben ein idealer Genuss für Aktive und ▮▮▮▮
heitsbewusste, zum Frühstück und ▮▮
Zutaten: ▮▮▮▮▮ Orangen-, ▮▮▮▮▮
▮▮▮▮tkonzentrat, Vitamin C und E,
natürl▮▮▮▮▮a.
Vor dem Öffnen gut schütteln.
Nach dem ▮▮▮ ge▮▮ lagern.

NL / B

Les uw dorst en verzorggelijktijdik uw lichaam met
belangrijke ▮▮▮▮▮▮
Met 23% sinaasappelsap,
5% wortelsap en 2% citroensap.
Verrijkt met vitamine C, vitamine E en provitamine A.
Een half glas (100ml) VITAMINDRANK voldoet bij
een volwassene voor 60% aan de dagelijkse behoefte aan provitamine A evenals ▮▮▮▮▮ C en E.
Het is eveneens een ideale drank voor actieve en gezondheidsbewuste mensen, voor bij het ontbijt of als
tussendortje.
Ingrediënten: ▮▮▮▮ suiker, sinaasappel- en wortelsap, geconcentreerd citroensap, vitamine C en E,
natuurlijk ▮rom ▮▮
Vor gebruik goed schudden. Na openen gekoeld bewaren.

GB / IR

Quenches thirst and provides the body with
important ▮▮▮▮
With 23% ▮▮▮▮ juice,
5% carrot ▮▮▮ and 2% ▮▮▮▮▮▮
High vit▮▮▮ C, vitamin E ▮▮▮ ▮▮▮ A content.
The consumption of 100 ml vitamindrink covers
60% of an ▮▮▮ recommended daily dose of
provitamin A, vitamin E and C. An ideal drink for
▮tive and health conscious people, for breakfast
and between.
Ingredients: ▮▮er, ▮▮▮r, ▮▮▮e-j▮▮▮, Carrot-juice
and ▮▮▮▮▮▮▮ concentrate, Vitamin mix:
▮▮▮ C and E, natural flavouring.
▮ake bef▮▮ e use. Once opened store in a cool dry
place.

FR / B

Désaltérez-vous et enrichissez votre corps de
▮itamines essentielles.
Avec 23% de jus d'o▮▮▮
5% de jus de ▮▮rottes et 2 % de jus de c▮▮▮.
Enrichi en vita▮▮▮e C, ▮▮▮ine E et provitamine A.
Un demi – verre (100 ml) de boisson
multivitaminée couvre 60% de l'apport journalier
recommandé en provitamine A, v▮▮▮▮e C et E
(pour un adulte). Idéal pour des personnes actives
et en pleine santé. Pour le petit déjeuner ou entre
les repas.
Ingrédients : eau, ▮▮▮▮, jus d'▮▮▮▮s et de carottes, jus concentré de ▮▮▮▮ vitamine C, vitamine E
et ▮rôm▮ naturel.
Bie▮ agit▮ avant l'emploi. A conserver au frais après
ouverte.

E

Quita la sed y aporta importantes vitamines.
Contiene un 23% de zumo de naranja, 5% de zumo
de zanahoria, 2% de ▮▮▮▮▮ limón y un alto porcentaje en vitamina C, viamina E y pro-vitamina A.
100 ml de vitamincubren el 60 % de las necesidades
diarias de un adulto de pro-vitamina A, vitamina C
y vitamina E.
Un placer refrescante para mantenerse saludable y
activo, tanto a la hora del desayuno como de
tentempié. ▮▮▮▮▮
▮▮▮▮▮▮▮ agua, azúcar, zumo concentrado de
naranja, zanahoria de limón,
▮▮▮▮▮ vitaminas C y E, aromas naturales.
Agitar antes de abrir y una vez abierto, conservar en
el frigorifico.

Hier hast du abschließend die Möglichkeit, dein Wissen anzuwenden.
Auch in Ländern, deren Sprachen du nicht lernst, kannst du allerhand verstehen,
wenn du dir ausreichend Zeit nimmst zum Lesen, zum Beispiel der kleinen Werbetexte im Internet.

Ferienforslag – Danmark

Miniland er hjertet i LEGOLAND®.
Eventyret begyndte her i 1968.
I Miniland ligger den store
verden i mini-format. Oplev
verdensberømte bygninger og miljøer;
det hele bygget af 20 millioner LEGO®
klodser. I Miniland sejler skibene hvert år
12.000 sømil i de små kanaler, der er fyldt
med 15 mio. liter vand.

(Die Marken der LegoGruppe sind mit ®
gekennzeichnet.)

F

Blitzlichter

Le Musée de l'Air

Le Musée de l'Air et de l'Espace
est situé sur l'aéroport de Paris-
le Bourget. Sur 18000 m²
d'expositions couvertes, il présente une collection
exceptionnelle de plus de 150 avions originaux ainsi
que de très nombreux objects spatiaux et des
maquettes à grandeur réelle, des fusées
Ariane 1 et 5.
Des appareils militaires, avions de voltige et de records,
prototypes et hélicoptères vous montrent la grande
diversité d'usage de «plus lourd que l'air ».
Dans le hall Concorde, les visiteurs peuvent
monter à bord 2 Concorde: le Prototype 001
et sa version commerciale: le Sierra Delta.

B

Biuro Informacji i Promocji Turystyczneij

Stołeczne Biuro Informacji i Promocji
Turystycznej udziela kompleksowej
informacji turystycznej. Zakres usług
świadczonych przez Stołeczną
Informację Turystyczną obejmuje:

· Kompleksową informacją turystyczną o Warszawie
· Ogólną informację o innych regionach turystycznych
  Polski
· Informację o wydarzeniach kulturalnych, sportowych i
  targowych stolicy
· Rezerwację miejsc noclegowych w hotelach
  warszawskich
· Sprzedaż wydawnictw turystycznych
  (mapy, przewodniki, informatory itp.)

C

L'Hotel Villa Maria

L'Hotel, antico edificio restaurato
e trasformato in tre stelle,
funzionale e confortevole dotato
di ogni comfort tranquillo e
familiare.
Locato in posizione strategica nel centro
storico a 150 mt. dalla Torre di Pisa a ridosso
dell'Orto. Botanico e a pochi passi
dalla Piazza dei Cavalieri.

A

Situación

El hotel La Pérgola está situado en la localidad del mismo
nombre sureste mallorquín, en una zona algo elevada,
a unos 500 metros del típico puertecito pesquero y a unos
1500 metros de la playa. El aeroporto se encuentra a unos
45 kilómetros.

Instalaciones

* 103 habitaciones   * 2 pistas de tenis
* Buffet restaurant   * Minigolf
* Bar salón   * Salón de televisión
* Piscina   * Parque infantil

D

Trója - Zoologicá a Botanická zahrada

Galerie bl. města Prahy
v zámku, prohlídku
možno spojit s návštěvou
ZOO či Botanické
zahradu. Přístup buď v návaznosti na
předešlou vychásku nebo autobusem
od konečné stanice metra C
(Nadraži Holešovice)

E

Arbeitsblatt Expertenquiz

*Ordne die Texte den Sprachen zu. Fülle die Felder entsprechend den Angaben im Tabellenkopf aus.
Pro Aussage erhältst du Punkte (in Klammern) – (4) – bedeutet also, dass du mindestens 4 Fakten finden musst.
Die Summe aller deiner Punkte gibt dir Auskunft über den Erfolg deiner Projektarbeit.*

Sprachen alphabetisch	Buch-stabe	Land	Wofür wird geworben? (Name)	Lage Ort / Stadt	Nähere Informationen	Deine Punkte
Dänisch	(1)	(1)	(1)			
					(2)	(5)
Französisch	(1)	(1)	(1)	(1)	(3)	(7)
Italienisch	(1)	(1)	(1)	(1)	(1)	(5)
Polnisch	(1)	(1)	(1)	(1)		
					(3)	(7)
Spanisch	(1)	(1)	(1)	(1)	(4)	(8)
Tschechisch	(1)	(1)	(1)	(1)	(1)	(5)
			keine Information			(37)

Summe aller Punkte

| 37 – 35 P. Gute Reise! | 34 – 29 P. Wörterbuch nicht vergessen! | 28 – 21 P. vorher Sprachkurs besuchen! |

Lehrerkommentare / Lösungshinweise

Lesezeichen

Das Lesezeichen dient nicht dazu, den Russischunterricht und damit das Erlernen einer korrekten Aussprache zu ersetzen. Es soll vielmehr den Schülern, die nicht Russisch lernen und damit den fremden Buchstaben „ratlos" gegenüberstehen, die Möglichkeit geben, russischsprachige Wörter und Texte lesend aufzunehmen und in den Sprachvergleich mit einzubeziehen. Für diesen Zweck wurde das Transkriptionssystem des Dudens und nicht die Bibliothekstransliteration für das Lesezeichen übernommen.

Die nachfolgenden Informationen zur kyrillischen Schrift sind sicher auch für die Schüler, die Russisch nicht lernen, von Interesse:

In Europa werden drei Schriftsysteme benutzt: das lateinische, das kyrillische und das griechische. Dabei steht die kyrillische Schrift an zweiter Stelle in der Verbreitung und Anwendung.

Die Grundlage der heutigen russischen Schrift ist die Kyrilliza, die nach dem Vorbild des griechischen Alphabets von den Mönchen Kyrillos und Methodios geschaffen wurde. Kyrillos und Methodios waren Brüder und stammten aus Saloniki. Als griechische Missionare kamen sie nach Bulgarien und übersetzten im 9. Jahrhundert Teile der Bibel ins Bulgarische.

Mit dieser Bibelsprache, die auch Altkirchenslawisch genannt wird, legten die beiden Mönche die Grundlage für die kyrillische Schrift.

A   Einstieg in das Material

Die Materialerprobung zeigte, dass sprachenvergleichendes Lernen Schüler und Lehrer gleichermaßen beflügelt. In diesem Sinne sind die angebotenen Einstiegsmöglichkeiten in das Material in der Thematik so angelegt, dass sich die Kommunikation zwischen allen Beteiligten von selbst einstellt. Ergänzend fördert der handlungsorientierte Ansatz die Motivation der Lerngruppe.

Ausgangsbasis für den Einstieg in das Material muss das Sichern von Kenntnissen über andere Länder und der jeweils gesprochenen Sprachen sein. In einem aufklärenden Lehrer-Schüler-Gespräch kann Vorwissen aus dem Geographie- bzw. Ethikunterricht etc. reaktiviert werden.

Interessant ist dabei für die Schüler zu erfahren, dass Deutschland einer der wenigen europäischen Staaten ist, in dem neben Sorbisch ausschließlich Deutsch Amtssprache ist. Verwiesen werden sollte insbesondere auf die Benelux-Länder und den skandinavischen Raum hinsichtlich der Sprachenvielfalt sowie auf den Umstand, dass in der EU Deutsch die Sprache mit den meisten Sprechern ist[1].

A1 und A2

Über authentische Adressen, muttersprachliche Länderbezeichnungen, die entsprechenden Flaggen sowie Gruß- und Abschiedsformeln wird ein erster visueller Zugang geschaffen und das Interesse der Schüler geweckt. Erforderlich sind geographische Grundkenntnisse aus den Klassenstufen 5/6.

Durch die vorgegebenen Kästchen ist die Zuordnungsübung logisch ausführbar.

A2 Länder – Sprachen – Flaggen

ČESKÁ REPUBLIKA	POLSKA	ESPAÑA	ITALIA	DEUTSCHLAND	LA FRANCE
DOBRÝ DEN	DZIEŃ DOBRY	BUENAS DIAS	BUON GIORNO	GUTEN TAG	BONJOUR
NA SHLEDANOU	DO WIDZENIA	HASTA LUEGO	ARRIVEDERCI	AUF WIEDERSEHEN	AU REVOIR

Arbeitsblatt A3

Während des gesamten Projekts können interessierte Schüler eigene Wörterbücher anfertigen, angelehnt an das von verschiedenen Verlagen vorgeschlagene Führen einer eigenen Grammatik. Um (unnötige) Kosten zu vermeiden, gibt das Arbeitsblatt A3 Tipps zum Basteln eines Wörterbuches aus herkömmlichen Ressourcen.

---

[1] Internet-Tipp: http://europa.eu.int

B Einblicke in verschiedene Sprachen – Wortschatz und Grammatik

B1 Internationalismen

Die Thematik der Internationalismen wird derzeit vielfältig und z. T. auch kontrovers diskutiert.
Im vorliegenden Lehrmaterial sollen diese Debatten jedoch nicht aufgegriffen werden, es geht vielmehr um
eine anwendungsorientierte, praxisbezogene Auffassung von Internationalismen. Darunter verstehen wir somit
Lexeme, die in vielen Sprachen weitgehend mit gleicher Form und Bedeutung verwendet werden.
Diese umfassen einerseits die „klassischen" Internationalismen, die überwiegend griechischen und
lateinischen Ursprungs sind und andererseits auch inzwischen in vielen Sprachen gebräuchliche Anglizismen.
Für das Lateinische wird Neulatein mit einbezogen.

1

Musik	Sport	Früchte
opera, pianist, note, music, orchestra, jazz	medal, stadium, athlete, arena, regatta	banana, orange, artichoke, olive, mandarin
nota, musica, orchestra	stadium, athleta, arena	oliva, banana
opéra, pianiste, note, musique, orchestre, jazz	médaille, stade, athlète, régate, arène	banane, orange, artichaut, olive, mandarine
опера, пианист, нота, музыка, оркестр, джаз	медаль, стадион, атлет, регата, арена	банан, апельсин, артишок, олива, мандарин

Wenn der Wunsch besteht, einzelne oder alle Wörter laut zu lesen, sollten die Schüler einbezogen werden, die
die jeweilige Sprache lernen, zudem könnte auch der Rat von Fachkollegen eingeholt werden. Dabei handelt es
sich nicht um gezielte Ausspracheübungen, sondern um die Reaktion auf mögliche Schülerinteressen.

2 Deutsch

Illustration I Jubiläum I Ingenieur I Reportage I Journalist

3 Es sind vielfältige Beispiele denkbar, hier nur einige Anregungen :
(als Nachschlagewerke können der Duden, Fremdwörterbücher, Fachwörterbücher o. Ä. genutzt werden)
Hip-Hop, Blues, Piano, Beat(s), Tenor, Allegro,
Architektur, Akademie, Bibliothek, Journal
Layout, Website, Internet, Download, Input, Chat, Monitor, Virus
Demokratie, Republik,
Grammatik, Energie, Thermometer, Diagnose, Ozean
Hit, Charts, Stars, Feature, News, Talkshow, Late Night Show, Reportage
Pizza, (Ham)burger, Chips, Donuts, Pasta, Lasagne, Baguette, Sushi, Paella, Filet

Hinweis: Eine parallele Ergebnissicherung an der Tafel oder mit dem OHP wird empfohlen.

4 Es ist ausreichend, wenn die Schüler herausfinden, dass es sich um Spanisch handelt.
In dem Gespräch zwischen Juan und Maria (schon die Namen könnten ein Hinweis auf die Sprache sein)
geht es um ein Radio und einen Fernseher, die aus Holland bzw. Japan sind.
Für Detailfragen ist die Übersetzung beigefügt:

JUAN: Ist das ein japanisches Radio?
MARIA: Nein, es ist ein holländisches Radio.
JUAN: Und der Fernseher – ist der auch aus Holland?
MARIA: Nein, das ist ein japanischer Fernseher.

5 Der Text stellt sprachlich bewusst höhere Anforderungen, um die Schüler zu ermutigen und ihnen zu zeigen,
dass sich mit ihren Kenntnissen zu Internationalismen auch solche Aufgaben lösen lassen.
richtig (✓) oder falsch (f):
Bei Blue Sea handelt es sich um ein Reisebüro.   ✓
Rucksacktouren in Neuseeland oder Snowboarden in den Alpen sind ihr Spezialgebiet.   ✓
Insgesamt arbeiten sieben Beschäftigte bei Blue Sea.   f
Die beiden Besitzer arbeiten auch mit in der Firma.   ✓
Blue Seas Website wird von Jasmin Roy betreut.   ✓
Kanufahren in den USA, im Bundesstaat Colorado, gehört auch zum Blue Sea Angebot.   ✓

6 Sicher kommen die Schüler hier zu unterschiedlichen Ergebnissen, einige Wörter wie z. B. *company,*
adventure oder *holidays* könnten – da oft in der Werbung vorkommend – ebenfalls mit genannt werden.

Die Schüler sollten ermutigt werden, all diese Informationen zur Erschließung einzusetzen und entsprechende Rückschlüsse zu ziehen.

> *Blue Sea Adventure* <u>Tours</u> is a travel agency in Canterbury/Kent. The company specializes in <u>exotic</u> adventure holidays such as <u>backpacking</u> in New Zealand, <u>canoeing</u> in Colorado and <u>snowboarding</u> in the Swiss Alps. *Blue Sea* has five members of staff, and they include John and Carol Myers, who own and <u>manage</u> the company. The three employees are Jasmin Roy, Ralph Cooper and Katja Gruener. Jasmin runs *Blue Sea's* <u>website</u>, while Ralph and Katja help Carol look after customers who call at the travel agency in South Canterbury Road. [...]
> (nach: New Focus on Success, Ausgabe Soziales, Cornelsen&Oxford, Berlin 2003)

Für interessierte Nachfragen ist die Übersetzung des Textes beigefügt:
Blue Sea Adventure Tours ist ein Reisebüro in Canterbury/Kent. (Grafschaft im Süden Englands; berühmte Kleinstadt mit Kathedrale, s. G.Chaucer Canterbury Tales ed. and introd. by Steve Ellis, London (u.a.), Longman, 1998).
Die Firma spezialisiert sich auf exotische Abenteuerurlaube wie Rucksacktouren in Neuseeland, Kanufahrten in Colorado oder Snowboarden in den Schweizer Alpen. Blue Sea beschäftigt fünf Leute, dazu gehören auch John und Carol Myers, denen die Firma gehört und die sie leiten. Die drei Angestellten sind Jasmin Roy, Ralph Cooper und Katja Gruener. Jasmin betreut den Internetauftritt (die Website) von Blue Sea, während Ralph und Katja Carol dabei helfen, sich um die Kunden kümmern, die im Reisebüro in der South Canterbury Road vorbeischauen bzw. anrufen.

B2 Schule

1 Das deutsche Wort Klasse ist zwar ein Lehnwort aus dem Lateinischen, dessen Ursprung classis ist. Es war aber zur damaligen Zeit (im 3. Jahrhundert v. Chr.) nicht mit dieser Bedeutung belegt. Seine Grundbedeutung ist Abteilung/Klasse (Bürgerklasse/Flottenabteilung).

Erläuterung zum Info-Text:
Zwar gibt es Hinweise, dass es in Rom schon im 7. Jahrhundert v. Chr. Elementarschulen gab, glaubwürdig bezeugt sind diese aber erst für das 3. Jahrhundert v. Chr.

2 Die Bezeichnungen für „Wörterbuch" sollten in den Vergleich einbezogen werden.

3 Die Auswertung könnte ergänzt werden durch Vor- und Nachteile der Stundenplangestaltung in den einzelnen Ländern.

4

Latein	Deutsch	Englisch	Französisch	Russisch
artes	Fächer	subjects	matières	предметы
disciplina physica	Physik	Physics	sciences naturelles	физика
historia	Geschichte	History	histoire	история
anglicus	Englisch	English	anglais	английский язык
exercitatio corporis	Sport	Physical education	sport	физкультура
mathematica	Mathematik	Maths	maths	алгебра

5
1 die Tafel
2 der Füller
3 das Buch
4 der Bleistift
5 das Heft
6 die Tür
7 das Wörterbuch

7 Im Rätsel sind 8 Wörter zum Thema „Schule" enthalten.

Das Lösungswort ist *Sprache*.
Russisch: *язык*

B3 Sport

Die vorgeschlagenen Übungen sollen dazu dienen, den Schülern den Ursprung von Begriffen, die sie tagtäglich ganz selbstverständlich verwenden, bewusst zu machen.

1 Beim Lesen muss darauf geachtet werden, dass im Griechischen die Betonung auf den Silben liegt, die die Akzentzeichen tragen. Die lateinische Endung „-tio" wird klassisch [tio] gesprochen.

2 Hier wird keine Vollständigkeit angestrebt. Die Übung kann auch als Gruppen- oder Einzelwettbewerb durchgeführt werden mit dem Ziel, möglichst viele Beispiele zu finden.

3 Das Lösungswort lautet: ARMSTRONG.

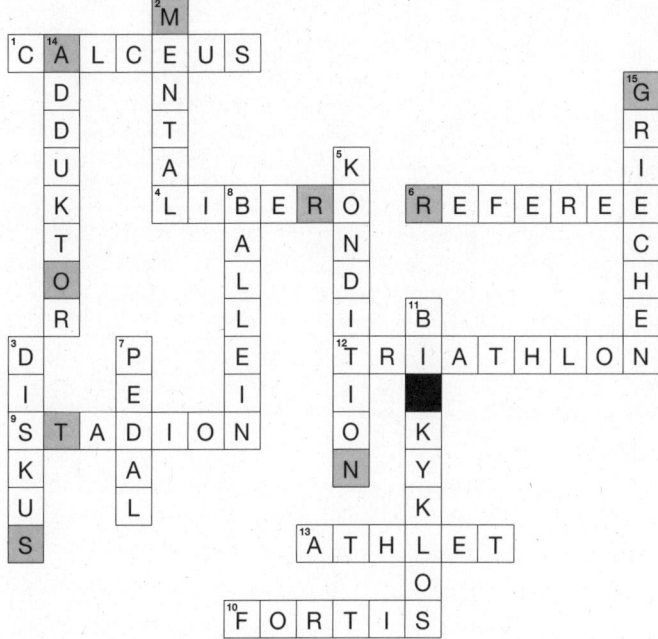

B4 Märchenstunde

1 ...und wenn sie nicht gestorben sind, dann leben sie noch heute."
Das deutsche Volksmärchen soll in einem Material wie diesem keinesfalls fehlen. Vielleicht ist dem einen oder anderen Kind nicht die breite Palette all jener Märchen bekannt, die der heutigen Lehrergeneration von den Großmüttern erzählt wurden. Und trotzdem, eben weil das Märchen in der europäischen Kulturgeschichte einen nicht wegzudenkenden Platz einnimmt, weil das deutsche Märchen über seine Landesgrenzen hinaus immense Bedeutung erlangte und in die meisten europäischen Sprachen übersetzt bzw. überliefert worden ist, bietet sich eine Sprachbegegnung, ein Eintauchen in die Welt der Märchen, an.
Stellvertretend wurden zwei (hoffentlich) allen Schülern bekannte Märchen *Hänsel und Gretel* und *Die Rübe* ausgewählt, welche die Neugier auf andere bekannte Märchen und deren Übertragung in weitere europäische Sprachen anregen können.
Das Material ist so angelegt, dass es sowohl für die romanischen als auch für die slawischen Sprachen zur Anwendung kommen kann. Die „Märchenstunde" ist primär auf die Arbeit am Wortschatz ausgerichtet. Die methodische Aufbereitung umfasst sowohl die Schulung der rezeptiven Lesefähigkeit als auch die Entwicklung von Lesestrategien. Sie will die Freude an der Beschäftigung mit europäischem Kulturgut fördern. Die hier genutzten Märchen erscheinen in Buch- oder Internetpräsentationen in vielfältigen, sprachlich und auch inhaltlich nicht in jedem Fall identischen Varianten. Für den Sprachvergleich ist daher eine entsprechende Bearbeitung notwendig. Die vorliegenden Texte wurden mit dieser Zielsetzung adaptiert aus den im Literaturverzeichnis angegebenen Quellen.
Das Lösungsblatt für den Schüler (S. 73) umfasst eine Auswahl möglicher Lösungen. Je nach Bedarf können weitere tabellarische Vorlagen selbst gezeichnet werden. Weitere Lösungsvarianten:

Deutsch	Spanisch	Französisch	Englisch	Latein
in	en	dans	in	in
sprach/sagte	dijo	dit	said	dixit (von dicere)
zu seiner	a su	à sa	to his	suae (von sua)
vor	en (=in, bei / vor = delante de)	à	(hier:) hard by	ante

репка	бабка	садик	дом	дерево	дедка	кошка	внучка	собака	окно	мышка
řepa	babka	sad	dům	strom	dědeček	kočička	vnučka	pejsek	okno	myška
répa	babica	vrt	niša	drevo	dedek	mačka	vnukinja	pes	okno	miš
burak	babka	ogród	dom	drzewo	dziadek	kotka	wnuczka	pies	okno	mysz

B5 Wortarten

2 Denkbar ist hier auch, dass Einzelschüler oder Schülergruppen jeweils ausgewählte Wortarten bearbeiten und dann ihre Ergebnisse vorstellen bzw. miteinander vergleichen.
Variante: Die Schüler erhalten ungeordnete Beispiele für verschiedene Wortarten und ordnen sie entsprechend zu. Diese Übung kann auch an der Tafel oder als Stationsarbeit absolviert werden.

4 Die Auswahl des Sprachmaterials erfolgte gezielt unter dem Aspekt des bewussten Erkennens von Wortarten durch die Schüler und berücksichtigt dabei die in der Klassenstufe 7 in der zweiten Fremdsprache zur Verfügung stehende Lexik.

	Substantiv		Verb/Hilfsverb		Pronomen		Präposition
Englisch:	languages	school	learn	do	you	what	at
Französisch:	langues	l'école	apprends		tu	quelles	à
Russisch:	языки	школе	изучаешь		ты	какие	в

5 Englisch: What languages do you learn at school?
Französisch: Quelles langues apprends-tu à l'école?
Russisch: Какие языки ты изучаешь в школе?
Deutsch: Welche Sprachen lernst du in der Schule?

Das Ergebnis der Übungen 4 und 5 sollte als Vergleichs- und Korrekturbasis präsentiert werden.

B6 Redeabsichten und Satzglieder

Die hier vorgeschlagenen kommunikativ orientierten Übungen sind integrative Übungsformen. Deshalb wird in dieser Übungsreihe nicht das einzelne Wort bzw. die grammatische Erscheinung in den Mittelpunkt gerückt. Die Schüler betrachten vielmehr grammatische Struktur und syntaktische Anordnung, um zu erkennen, welche sprachlichen Mittel zur Realisierung bestimmter Kommunikationsabsichten notwendig sind. Die Auswahl des Sprachmaterials folgt in erster Linie der jeweiligen Redeabsicht und ist möglicherweise nicht deckungsgleich mit entsprechenden Wortschatzangeboten für bestimmte Klassenstufen in Lehrwerken. In den formulierten Aufgabenstellungen wird nicht in jedem Fall explizit ausgewiesen, in welcher Art die Kontrolle und damit die Ergebnissicherung erfolgen soll. Hier sollte der Lehrer, abhängig von der Leistungsstärke seiner Sprachgruppe, selbst entscheiden, wann und wie die Schüler ihre Ergebnisse präsentieren und vergleichen und was möglicherweise als Zusammenfassung in den Hefter übernommen wird.

I Redeabsicht: Sagen, was man mag

1 – **3**

Die Beispielsätze haben in allen Sprachen den gleichen Aufbau: Subjekt – Prädikat – Objekt (hier: Akkusativobjekt bzw. direktes Objekt).

Das Subjekt wird in den Beispielsätzen durch ein Personalpronomen wiedergegeben (es kann auch ein Substantiv/Nomen - mit und ohne Begleiter - sein. Es steht in allen Sprachen im Nominativ und benennt den Handlungsträger/die handelnde Person. Das Subjekt gibt Auskunft über die Zahl und das Geschlecht des Handlungsträgers.

Das Prädikat benennt die Handlung, das Geschehen oder einen Zustand, die/der zu einer ganz bestimmten Zeit passiert. Das Prädikat wird durch das Verb gebildet. Das Prädikat zeigt die Kategorien Person, Zeit (Tempus), Zahl (Numerus) an. Am Prädikat, d. h. der Verbform, kann abgelesen werden, was getan wird bzw. geschieht (ablesbar am Stamm) und wann dies erfolgt (ablesbar an der Endung). In der französischen und russischen Sprache zeigt die Endung des Verbs auch an, ob eine oder mehrere Personen beteiligt sind (das Verb im Englischen hat dieses Signal nur für die 3. Person Singular).

Das Objekt benennt den Gegenstand oder den Betroffenen der Handlung, die durch Subjekt und Prädikat ausgedrückt wird. Das Objekt wird auch als Verbergänzung bezeichnet.

In den Beispielsätzen handelt es sich – in der Terminologie der deutschen Grammatik – um ein Akkusativobjekt, das den Gegenstand/die Sache, hier: den/die jemand mag, bezeichnet.

Im Englischen und Französischen kann eine Einteilung der Objekte nach dem Kasus nicht vorgenommen werden. Für das dem Akkusativobjekt entsprechende Objekt wird daher in der Englisch- und Französisch-grammatik die Bezeichnung „direktes Objekt" verwendet. Diese Bezeichnung findet sich auch in der russischen Grammatik, obwohl das Russische über die Kategorie Kasus verfügt.

In diesem Zusammenhang ist zu beachten, dass das deutsche Akkusativobjekt in der Regel dem direkten Objekt entspricht und ebenso das Dativobjekt mit dem indirekten Objekt korrespondiert. Dennoch kann nicht von einer grundsätzlichen 1:1-Entsprechung ausgegangen werden. Die Rektion von Verben bzw. notwendige präpositionale Anschlüsse muss vom Lernenden im konkreten Fall immer mit eingeprägt werden.

In allen Sprachen gehören Subjekt und Prädikat zusammen, wobei das Subjekt durch die Angabe zu Geschlecht (Genus) und Zahl (Numerus) die Endung des Verbs und damit das Prädikat bestimmt. Die Zeit, wann etwas geschieht, können dagegen nur die Verben anzeigen.

4 Die Schüler werden herausfinden, dass es hinsichtlich des Weglassens von Satzgliedern sowohl Übereinstimmungen als auch Unterschiede in den Sprachen gibt.

In allen Sprachen können Prädikat und Objekt nicht weggelassen werden, da dadurch der Satz inhaltslos wird. Im Gegensatz zu Deutsch, Englisch und Französisch kann nur im Russischen in den konkreten Beispielen das Personalpronomen als Subjekt des Satzes weggelassen werden. Die Verbform zeigt hier den Handlungsträger an.

Die Möglichkeit, den Satzgliedern unterschiedliche Positionen im Satz zuzuweisen, ist in den einzelnen Sprachen nicht gleichermaßen gegeben.

Das Englische hat eine sehr feste Satzgliedfolge: S-P-O. In den Beispielsätzen ist keine Umstellung möglich. Dies ist für die Beispielsätze auch im Französischen der Fall. Hier erfordert die Umstellung die Wiederaufnahme des nominalen Objektes durch ein Objektpronomen: *Les épinards, je les aime (bien)*.

Deutsch ist etwas flexibler und ermöglicht, die Position von Objekt und Subjekt zu tauschen: Spinat mag ich. Das Russische ist noch beweglicher. Es ermöglicht sowohl den Positionstausch von Objekt und Subjekt: Шпинат я люблю. als auch von Subjekt und Prädikat: *Люблю я шпинат*.

Der Positionstausch führt in allen beschriebenen Fällen zu einer Betonung (Hervorhebung) des an der ersten Stelle im Satz stehenden Satzgliedes.

IV Redeabsicht: Fragen, was jemand mag oder gern macht

1 Was machst du gern?

What do you like doing?
Qu'est-ce que tu aimes faire?
Что ты любишь делать?

Magst du Opern?

Do you like operas?
Est-ce que tu aimes l'opéra?
Ты любишь оперы?

Liest du gern?

Do you like reading?
Est-ce que tu aimes lire?
Ты любишь читать?

Gehst du gern ins Kino?

Do you like going to the cinema?
Est-ce que tu aimes aller au cinéma?
Ты любишь ходить в кино?

2 Die Schüler sollten darauf hingewiesen werden, dass im Französischen bei Fragen an eine Person im förmlichen Gespräch die Inversion (Aimez-vous...) angewendet wird.

V Redeabsicht: Sagen, wann, wo und wie man etwas gemacht hat

2 Die Adverbialbestimmungen sind durch unterschiedliche Unterstreichungen markiert:

Ort   Zeit   Art und Weise

Englisch	*In March our class went to Paris.*
Französisch	En mars, notre classe est allée à Paris.
Russisch	В марте наш класс поехал в Париж.

Englisch	*We went by train.*
Französisch	Nous sommes partis en train.
Russisch	Мы ездили поездом.

Englisch	*In the morning we visited the town.*
Französisch	Le matin, nous avons visité la ville.
Russisch	Утром мы осматривали город.

Englisch	*We had great fun in the Centre Pompidou.*
Französisch	Dans le Centre Pompidou, nous nous sommes bien amusés.
Russisch	В центре Pompidou мы много веселились.

Englisch	*In the evening* some of us went to a concert.
Französisch	Le soir, quelques-uns sont allés au concert.
Russisch	Вечером некоторые из нас пошли на концерт.

4 Im Englischen, Französischen und Russischen kann die Temporalbestimmung den Satz einleiten, aber auch am Satzende stehen. Im Deutschen ist die Stellung der Adverbialbestimmung relativ frei.

VI Test

1 Die nachfolgenden Verben werden im Deutschen in der Regel mit zwei Objekten gebraucht. Sie können aber auch nur mit einem Objekt stehen: *erzählen, bringen, beantworten, anbieten, beweisen, empfehlen, erklären, erlauben, glauben, leihen, mitteilen, schicken, verbieten, versprechen, vorschlagen, wegnehmen, wünschen.*

2 Die Schüler sollten herausfinden, dass die in den Beispielsätzen verwendeten Verben durch zwei Objekte ergänzt werden und sich sowohl auf eine Person als auch auf eine Sache beziehen. Damit sind die Aussagen im Merkkasten – abgesehen von der in den aufgeführten Fremdsprachen verwendeten andersartigen Objektbezeichnungen – grundsätzlich zutreffend.

3 Hier könnte der Hinweis erfolgen, dass v. a. im Englischen und Französischen eine Einteilung der Objekte nach dem Kasus nicht vorgenommen werden kann, da es im Englischen – im Gegensatz zum Deutschen oder Russischen – nur eine Objektform gibt und im Französischen die Objektformen mit Hilfe von Artikeln bzw. Präposition mit Artikel gebildet werden.

Vgl.: The teacher asks *the students* many questions. – *The students* ask the teacher many questions.
Le professeur pose beaucoup de questions *aux élèves*. – *Les élèves* posent beaucoup de questions au professeur.
Aber: Der Lehrer stellt *den Schülern* viele Fragen. – *Die Schüler* stellen dem Lehrer viele Fragen.

4 Die Reihenfolge des direkten und indirekten Objektes kann im Englischen und im Russischen geändert werden, nicht jedoch im Französischen.

5 Hier sollte herausgefunden werden, dass das nachgestellte indirekte Objekt im *Englischen* mit *to* angeschlossen wird. Sinnvoll wäre in diesem Zusammenhang der Verweis darauf, dass auch ein Anschluss mit *for* möglich ist, wobei die Verwendung der Präposition abhängig ist vom Verb.
Das nachgestellte indirekte Objekt mit *to* verbinden Verben wie *bring, give, pass, offer, pay, show, promise, send, sell, tell, wish, write.*
Das nachgestellte indirekte Objekt mit *for* verbinden Verben wie *buy, get, make, order.*

Für *Französisch* erkennen die Schüler, dass das indirekte Objekt mit *à* angeschlossen wird.

Im Russischen hat das Substantiv eine Flexionsendung, die den Dativ markiert und damit anzeigt, dass es sich um ein indirektes Objekt handelt. Damit ähnelt das Russische dem Deutschen.

6 Hier hat der Schüler die Gelegenheit, die Kenntnisse aus den Übungen 1-5 zusammenzufassen und kann erklären, dass
- z. B. die Verben *erzählen, bringen, erklären, glauben, schicken, zeigen* … zwei Objekte erfordern,
- es wie im Englischen, Französischen und Russischen ein direktes und ein indirektes Objekt gibt,
- im Deutschen die Bezeichnungen Dativ- und Akkusativobjekt verwendet werden da Substantive oder Pronomen als Objekte- wie im Russischen - in einem bestimmten Fall stehen,
- das Dativobjekt (indirektes Objekt) im Allgemeinen eine Person und das Akkusativobjekt (direktes Objekt) eine Sache ist,
- im Deutschen wie im Englischen und im Russischen und im Gegensatz zum Französischen die Reihenfolge von direktem und indirektem Objekt verändert werden kann.

7 Hier haben die Schüler viele Möglichkeiten, sinnvolle Sätze zu bilden.
Mögliche Varianten sind:

His mother bought him two pairs of shoes in the shop yesterday.
Mary and Peter played football in the stadium in the afternoon.
This morning I gave them the bag at the bus stop.

Le soir, la mère montre le catalogue à sa fille.
A la maison, le père dessine une fleur à son fils.
Le matin, la sœur écrit une lettre à son ami.

Ich traf Maria und Susann im Kino.
Mein Freund schrieb mir am Montag einen langen Brief.
Am Sonntag zeigte Robert uns die neue Wohnung.

Иногда Ира покупает маме цветы.
Вечером друзья слушают рок-концерт на стадионе.
Вова даёт другу газету.

Das Puzzle kann in Gruppen gelöst werden. Eine Laminierung der auszuschneidenden Kärtchen ist
dabei sicher von Vorteil. Auch hier sollte die Stellung der Objekte in den einzelnen Sprachen verglichen
und kommentiert werden.

9 Hier sind die Satzglieder wie folgt zuzuordnen:

Subjekt:	Lisa; she; Lisa; Tom; Sein Bruder; друзья; L'affiche; The pupils; Ils; Лиза, Давид и Том
Prädikat:	geht zu Fuß; takes; meets; shows; hat geschenkt; видят; invite; agree to go; aiment; хотят встретиться
Direktes Objekt:	the bus; her friends Tom and David; a brand-new CD; die CD; большую афишу; tous les élèves; la musique rock
Indirektes Objekt:	them; ihm
Temporalbestimmung:	jeden Morgen; today; в 19 часов
Lokalbestimmung:	zur Schule; On the corner; В школе; au prochain concert à l'école; у входа в школу.

B7 Groß- und Kleinschreibung

Den Schülern soll bewusst werden, dass es grundlegende Übereinstimmungen in der Groß- und
Kleinschreibung der verschiedenen Sprachen gibt. Dabei wurden nicht alle Besonderheiten
der einzelnen Sprachen erfasst.
Die Übungen können in Einzel-, Partner- oder Gruppenarbeit absolviert werden.
In der Aufgabe 3 besteht auch die Möglichkeit, dass die Schüler mehr als zwei Texte bearbeiten.
Die Lösung zur Aufgabe 3 könnte auf eine Folie kopiert werden und so für die Schüler eine
selbstständige Kontrolle ermöglichen.

2

	Satzanfang		Eigennamen		Substantive		alle anderen Wortarten	
	groß	klein	groß	klein	groß	klein	groß	klein
Englisch	X	☐	X	☐	☐	X	☐	X
Russisch	X	☐	X	☐	☐	X	☐	X
Französisch	X	☐	X	☐	☐	X	☐	X
Latein	X	☐	X	☐	☐	X	☐	X

Das Personalpronomen „I" im Englischen wird immer groß geschrieben.

3 Die Texte können auch kopiert und den Schülern zur Selbstkontrolle gegeben werden.

A Picnic
It was a lovely day last summer. The Millers took something to eat for a picnic and went to a beautiful
place near London. But a lot of people had the same idea. Finally they found a nice place to stay.
Mrs Miller prepared the sandwiches and Henry helped her. Maria put the apples, the cake and the
orange juice on the blanket.
Suddenly Mr Miller saw a huge animal running through the field. "Back to the car – a bull!" Mr Miller
shouted. That day the bull had a nice lunch. It ate all the sandwiches, the apples, the cake and drank
the orange juice.

Моя подруга Анне
Мы живём в городе Владимире, недалеко от Москвы. Мы – это мама, папа, моя сестра Таня и
я. Наш дом находится на улице Гагарина. Моя подруга Анне тоже живёт там. Ей 14 лет. Она
немка, но она хорошо говорит по-русски. Мы учимся в одном классе. Её мама и папа
работают здесь на фирме. Она очень любит музыку рок-группы «Нос». Я тоже. Сейчас мы на
концерте на стадионе. Это здорово. Группа играет очень хорошо.

sehr gut

Isabelle

Isabelle n'habite plus à Strasbourg. Elle habite maintenant à Paris. Elle a quitté ses amies Sylvie et Jacqueline, mais elles l'appellent souvent au téléphone. Isabelle parle du nouvel appartement près de la Place de la Bastille, de son école, le collège Victor Hugo, et de son sport préféré. Elle aime bien faire de la danse avec sa copine Agnès.

Le week-end, elle est souvent à Versailles avec sa mère, son père et son frère Alain. Ils font une promenade dans le grand parc du château de Louis XIV. A la fin la journée, ils vont toujours chez Charlotte. C'est un petit café dans le centre de Versailles. Là, la glace est super.

C Soziokulturelle Einblicke

C1 Namen und Anreden

Die angebotenen Übungen sind auf den Vergleich der Sprachen und Länder angelegt, sie können aber auch fachspezifisch erweitert werden.

So bietet sich an dieser Stelle z. B. für den Russischunterricht an, die Bildung der Vatersnamen zu üben oder für alle Sprachen vertiefend auf für das jeweilige Land typische Vor- und Familiennamen einzugehen, so u. a. auf die Besonderheit des middle name in den USA oder die in Russland gern gebrauchte Form der Kosenamen (z. B. Katharina – Katja, Alexander – Sascha, Michail – Mischa).

3 Es gibt durchaus sprachliche Merkmale, die Vermutungen zum Herkunftsland stützen können:

– *Kirjakow, Petrowa* – Russland: Die Endung -ow (mask.) / -owa (weibl.) ist typisch für russische Familiennamen, ebenso wie -in /-ina oder -ew /-ewa.
– *Baggio* (gg [dz] wie in *Dsch*ungel) – Italien: Doppelkonsonanten gg / cc / zz sind typisch für das Italienische. Im Italienischen gibt es nur Maskulinum (Endung zumeist auf -o) und Femininum (Endung -a).
– *Micháiy, Nagy* – Ungarn: -gy, -ly, -ty, -ny sind typische Lautverbindungen im Ungarischen und gelten als ein Buchstabe im Alphabet, lange Vokale werden in der ungarischen Rechtschreibung mit einem Strich über dem Vokal gekennzeichnet. Aussprache: -ly wie deutsches j in jung, Jahr, -gy wie dj in Madjar.
– *Walewski* – Polen: -ski häufig bei Familiennamen im polnischen Sprachraum (vgl. auch Hinweis im Text).

4 Die 11 (+ 7) praenomina der Römer sind: *Aulus* (A.), *Gaius* (C.), *Gnaeus* (Cn.), *Decimus* (D.), *Lucius* (L.), *Marcus* (M.), *Publius* (P.), *Quintus* (Q.), *Sextus* (Sex.), *Tiberius* (Ti.), *Titus* (T.) sowie *Appius* (Ap.), *Kaeso* (K.), *Mamercus* (Mam.), *Manius* (M´.), *Numerius* (N.), *Servius* (Ser.) und *Spurius* (Sp.). (Die Abkürzungen C. und Cn. gehen auf die frühen Inschriften in Stein zurück.)

Sklaven trugen nur einen Individualnamen. Dieser wurde meist zur genaueren Unterscheidung durch das nomen gentile, oft auch durch nomen gentile und praenomen ihres Herrn ergänzt, z. B. Apollonius Marci Tullii s(ervus).

5

	offiziell	namentlich unbekannte Person	privat
Russland	– Vor- und Vatersname + Sie – Familienname + Sie – gospodin/gosposha + Familienname (v.a. bei Ausländern)	– keine generell anwendbare sprachliche Form – Abhängigkeit von Alter und Gesprächssituation oft: dewuschka bzw. molodoj tschelowek, – ältere Menschen: babuschka bzw. deduschka oder tjotja bzw. djadja	– Vorname + Du
Frankreich	– Madame bzw. Monsieur + Sie (ohne Familiennamen) – Vorname + Sie	– Madame bzw. Monsieur +Sie	– Vorname + Du
Großbritannien	– Mr bzw. Ms (Mrs bei verheirateten Frauen) + Familienname + you – akademischer Titel nie in Verbindung mit Mr bzw. Ms		– Vorname + you
USA	– Mr bzw. Ms (Mrs bei verheirateten Frauen) + Familienname + you – Vorname + you		– Vorname + you
Im alten Rom	– (tu) + praenomen + nomen gentile (im Vokativ)		– (tu) + praenomen (im Vokativ)

Die Schüler sollten nach der Präsentation der Ergebnisse aufgefordert werden, für Großbritannien und die USA die fehlenden Angaben in der Tabelle durch eigene Recherchen zu ergänzen. Sie werden herausfinden, dass in beiden Ländern bei namentlich nicht bekannten Personen die Formen Mister bzw. Miss verwendet werden.

C2 Mimik/Gestik

Der Materialzusammenstellung sind Literaturrecherchen und Nachfragen bei Muttersprachlern vorausgegangen. Fremdsprachenassistenten aus Großbritannien, den USA, Frankreich und Russland, die im Schuljahr 2003/2004 an Thüringer Schulen tätig waren, haben in diesem Zusammenhang wichtige Informationen gegeben.

Dabei wurde deutlich, dass es wohl typische Gesten und Gesichtsausdrücke in verschiedenen Kulturen gibt, diese aber auch individuell geprägt sind. Es ist also durchaus möglich, dass Einzelpersonen bestimmte „typische" Gesten, ein Mienenspiel oder eine Verhaltensweise nicht oder in modifizierter Form praktizieren.

4 | Bild 1: | GB, USA, Russland: Ich bin satt. Auch: Das hat gut geschmeckt.
Frankreich: Ich habe Hunger.

Bild 2: Frankreich; USA, GB: Genug. Es reicht. Schluss (oft auch nur unter Gebrauch einer Hand)
Russland: Ich bin nicht schuld.

Bild 3: GB, USA, Frankreich, Russland: Ich will das nicht hören.
Oft werden mit dieser Bedeutung auch die Zeigefinger in die Ohren gesteckt.

Bild 4: GB, Frankreich: als Verstärkung von Bitten, Hoffnungen
Russland: eher zum Ausdruck von Siegesfreude. USA: eher weniger gebräuchlich.

Informationen zu Übung **5** (gegebenenfalls separat kopieren für Schüler zur Selbstkontrolle)

Bild 1: Handfläche hochstrecken und aneinander klatschen
Bedeutung: Glückwunsch, Lob, auch Form der Begrüßung unter jungen Leuten
Verbreitung: Diese Geste stammt ursprünglich aus dem American Football, ist inzwischen aber auch in andere Sportarten und ins Alltagsleben vorgedrungen und in vielen Ländern gebräuchlich.

Bild 2: Daumen und Zeigefinger als Ring
Bedeutung: O.K., gut
Verbreitung: Als Zeichen der Anerkennung ist die Ringgeste schon seit dem ersten Jahrhundert n. Chr. bekannt. Ursprünglich stammt sie von einer Geste, mit der im Gespräch ein präzises Argument hervorgehoben wurde. Als diese Geste eine gewisse Eigenständigkeit annahm, bezeichnete sie alles, was perfekt, hervorragend oder gut gelungen ist. Heute wird diese Geste als das amerikanische OK-Zeichen angesehen und hat sich von dort ausgehend ausgebreitet (nicht jedoch im arabischen Kulturkreis). In GB wird sie oft in Verbindung mit einem guten Essen verwendet.
In Frankreich Verwendung mit zwei Bedeutungen: OK. Perfekt. oder zum Ausdruck der Zensur „zéro".
In Russland wird sie eher weniger verwendet.

Bild 3: Handfläche mit gespreizten nach oben gestreckten Fingern
Bedeutung: Stopp! Warte! Hör auf! Genug!
Verbreitung: Diese Geste wird verwendet, um die Rede oder die Handlung einer anderen Person zu unterbrechen. Dies vor allem, wenn der Gestikulierende mit irgendetwas nicht einverstanden ist.
Sie wird nicht angewendet gegenüber höhergestellten Personen.
Oft auch verwendet, um ein Auto anzuhalten. In vielen Ländern gebräuchlich.

Bild 4: mit dem Knöchel auf Holz (hölzerne Oberfläche) klopfen
Bedeutung: Schutz
Verbreitung: Der Aberglaube, auf dem diese Geste basiert, reicht bis in die Tage des Baumkultes zurück, als es Brauch war, die heilige Eiche zu berühren, um die mächtigen Baumgeister zu besänftigen. Besonders beliebt auf den Britischen Inseln.
GB: Auch Klopfen mit der flachen Hand üblich, dazu sagt man: „Touch wood".
USA: Die Geste wird ergänzt durch die Worte „Knock on wood".
Russland: 3x spucken und klopfen im Sinne von „um nicht vom bösen Blick verhext zu werden".
(Чтобы не сглазить.)
Beachte: Das Klopfen mit dem Knöchel wird oft am Ende von Vorlesungen in der Uni oder am Ende von Vorträgen von Studenten/Zuhörern im Sinne von „Danke für die Ausführungen" verwendet.

Bild 5: Drücken oder Halten der Daumen
Bedeutung: jemandem Glück wünschen
Verbreitung: Vor allem in Deutschland gebräuchlich, in anderen Ländern unbekannt.
In GB, USA und auch in Frankreich kreuzt man den Zeige- und den Mittelfinger, um jemandem Glück zu wünschen (keep one's fingers crossed).
Dies ist auch in Russland gebräuchlich, wobei aber auch die in Deutschland übliche Geste verwendet wird.

7 Die Schüler sollten eigene Dialoge erarbeiten und dabei entsprechende Redewendungen nutzen. Ferner könnten Lehrbuchdialoge aus der Sicht von Mimik und Gestik betrachtet und entsprechend gespielt werden.

8 Hier werden soziokulturelle Informationen gegeben, die einerseits helfen können, Verständnis für Verhaltensweisen zu entwickeln und in entsprechenden fremdsprachigen Situationen angemessen zu reagieren. Andererseits können die beschriebenen Besonderheiten z. B. beim Anschauen von originalsprachigen Filmen untersucht und geprüft oder auch im Rollenspiel angewendet werden.

D Strategien

D1; D2 Erschließen von Wörtern aus verwandten Sprachen

Es gibt ähnliche bzw. nicht ähnliche und verwandte bzw. nicht verwandte Sprachen. Meist sind Sprachen dann ähnlich, wenn sie miteinander verwandt sind. Zwingend ist dies aber nicht. Ähnlichkeiten beziehen sich meist auf den Wortschatz, aber auch auf grammatische Erscheinungen. Sind zwei Sprachen aus ein und derselben Sprache hervorgegangen, haben sie also eine gleiche Wurzel, spricht man von verwandten Sprachen. So erwuchs mit dem Zerfall des Imperium Romanum aus dem Lateinischen eine große Gruppe verwandter romanischer Sprachen (romanus lat. für römisch). Portugiesisch, Spanisch, Französisch, Italienisch, Rumänisch bilden also eine Sprachfamilie.
In Europa werden etwa 50 Sprachen gesprochen, die zur Gruppe der indoeuropäischen oder indogermanischen (die Begriffe werden synonym verwendet) Sprachen gehören. Die indoeuropäische Sprachfamilie ist eine der größten der Welt, zwischen deren Angehörigen es wiederum unterschiedliche verwandtschaftliche Beziehungen gibt. Die von den Sprachwissenschaftlern vorgenommene Gliederung der indoeuropäischen oder indogermanischen Sprachfamilie ist unterschiedlich und weist zwischen 9 und 15 unterschiedliche Zweige auf. Wichtige Zweige oder Sprachgruppen bilden die germanischen, romanischen und slawischen Sprachen. Die hier aufgeführten stehen beispielhaft für diese Zweige:
• *Germanische Sprachfamilie*
    a) Westgermanisch: Englisch, Deutsch, Niederländisch
    b) Nordgermanisch: Schwedisch, Dänisch, Norwegisch
• *Romanische Sprachfamilie*
    Französisch, Italienisch, Spanisch, Portugiesisch, Rumänisch
• *Slawische Sprachfamilie*
    a) Ostslawisch: Russisch, Weißrussisch, Ukrainisch
    b) Südslawisch: Bulgarisch, Mazedonisch, Kroatisch, Serbisch, Slowenisch
    c) Westslawisch: Polnisch, Tschechisch, Slowakisch, Sorbisch

Die Übungen in D1 bzw. D2 sind vornehmlich für Schüler vorgesehen, die Französisch bzw. Russisch als zweite Fremdsprache lernen. Die Schüler sollen hier angeregt werden, Ähnlichkeiten bei verwandten Sprachen bewusst wahrzunehmen und Transferprozesse in Gang zu setzen, um auf diese Weise Wortmaterial aus unbekannten Sprachen zu erschließen.

D1 Romanische Sprachen

1 Tobias - Spanien: E; Franziska - Italien: I; Ronaldo - Portugal: P; Texte nicht übersetzen.

2 „Verwandte" des Lateinischen bzw. Französischen sind hier zahlenmäßig nicht begrenzt.
Einige mögliche Erschließungsergebnisse:

puede – pouvoir (franz.); posse (lat.)	mesa – mensa (lat.)	voglio – vouloir (franz.); velle (lat.)
poner – poser (franz.); ponere (lat.)	livre – libre (franz.); liber (lat.)	come – comment (franz.)
favor – favor (lat.)	lista – la liste (franz.)	d'accordo – d'accord (franz.)

4   la table, la chaise, la fleur, le téléviseur = französisch
    mensa, sella, flos, instrumentum televisificum = lateinisch

6   Italien = grün, weiß, rot; Spanien = rot, gelb, rot
    Portugal = grün, rot, in der Mitte befindet sich ein kreisförmiges Wappen
    Frankreich = blau, weiß, rot
Selbstverständlich können auch die anderen Flaggen ausgemalt werden.
    Rumänien = blau, gelb, rot; Großbritannien = rotes Kreuz, blaue Flächen;
    Russland = weiß, blau, rot (von oben)

7 Der Artikel zeigt in den aufgeführten romanischen Sprachen Genus und Numerus des Substantivs an.

D2 Wörter aus slawischen Sprachen erschließen

Die Aufgaben können in Einzel-, Partner- oder Gruppenarbeit gelöst werden. Da das Wortmaterial auch über die Klangähnlichkeit erschließbar ist, sollten die Schüler ermutigt werden, die Wörter/Wortverbindungen leise zu sprechen, obwohl sie nicht mit den Ausspracheregelungen der anderen Sprachen vertraut sind. Beim Vergleich der Lösungen ist es empfehlenswert, den Schülern die Möglichkeit zu geben, über ihren Lösungsweg und eventuell auftretende Schwierigkeiten zu reflektieren sowie Ähnlichkeiten/Unterschiede in den Sprachen zu benennen, um diesen Aspekt noch einmal bewusst in den Mittelpunkt der Übungen zu stellen.

2 Lösungswort: ulica

3 1 babička, 2 vnučka, 3 matka, 4 vnuk, 5 dědeček, 6 syn, 7 otec, 8 sestra, 9 bratr

4 Hier werden nur die Wörter und Wendungen angeführt, bei denen möglicherweise eine genaue Wiedergabe im Deutschen ohne die Nutzung des Wörterbuches nicht gegeben ist.

Kako Vam je ime?	Wie ist Ihr Name?
To je ...	Das ist ...
Govorite li ...	Sprechen Sie ...
Gdje je ...	Wo ist ...?
Koji autobus vozi u ...	Welcher Bus fährt nach ...?
Gdje mogu kupiti kartu?	Wo kann ich einen Fahrschein kaufen?
crkva/dvorac/stari grad	Kirche/Schloss/Altstadt
Daleko je/Nije daleko.	Es ist weit/nicht weit.
Pođite lijevo/Pređite ...	Gehen Sie nach links/Überqueren Sie ...
navečer/noću/dnevno/dva dana	abends/nachts/täglich/zwei Tage

D3 Lesen unbekannter Texte

Lösungsblätter für den Lehrer zur Aufgabe 4

Englisch

Ähnlichkeit mit der Muttersprache, z. B.

friends, 8.30 (Uhrzeiten), home, schools, kindergarten, starts, so, house, make, morning, park, activities, problem, help, bed, free

Gleiche oder ähnliche Wörter in anderen Sprachen, z. B.		Kontext, z. B.	Wörterbuch, z. B.
table (engl.)	table (franz.)	fetch	fetch
dinner (engl.)	dîner (franz.)		
weekend (engl.)	week-end (franz.)		

Russisch

Ähnlichkeit mit der Muttersprache, z. B.

6 (Uhrzeiten), кухня, минута, школа, интересная, журналист, экскурсия, Москва, турист, ресторан, мама, музыка

Gleiche oder ähnliche Wörter in anderen Sprachen, z. B.		Kontext, z. B.	Wörterbuch, z. B.
гид (russ.)	guide (engl./franz.)	ужин	завтрак
магазин (russ.)	magasin (franz.)		
телевизор (russ.)	television (engl.)		
	télévision (franz.)		
Германия (russ.)	Germany (engl.)		

Französisch

Ähnlichkeit mit der Muttersprache, z. B.

famille, atelier, centre, minutes, moment, information, radio, restaurant, cantine, musique

Gleiche oder ähnliche Wörter in anderen Sprachen, z. B.

six (franz.)	six (engl.)	préférer (franz.)	prefer (engl.)
centre (franz.)	centre (engl.)	métro (franz.)	metro (engl.)
heures (franz.)	hour (engl.)	dîner (franz.)	dinner (engl.)
radio (franz.)	radio (engl.)	parents (franz.)	parents (engl.)
sculpteur (franz.)	sculptor (engl.)	collège (franz.)	college (engl.)
extérieur (franz.)	exterior (engl.)	minutes (franz.)	minutes (engl.)
préparer (franz.)	prepare (engl.)	moment (franz.)	moment (engl.)
table (franz.)	table (engl.)	retourner (franz.)	return (engl.)

Kontext, z. B.

professeur

Wörterbuch, z. B.

enfant

Latein

Im Text sind die erschließbaren Wörter wie folgt gekennzeichnet:

Nunc: Muttersprache
Vita: *Fremdwort*
Amici: andere Fremdsprachen
<u>Legi:</u> aus dem Kontext erschließbar

*Cari amici, **salvete!***
Nunc *duos annos* **Romae** *sum.* Omnia *monumenta* **clara** *et* **spectacula** laeta *visitavi:*
templum *Junonis,* **templum** *Veneris, Forum Romanum, Aquam Claudiam, Viam Appiam,*
Circum Maximum, gladiatores et cetera.
Cotti*die* in foro Caesarem *et* Ciceronem *audio, qui* **magnas** orationes *de* <u>legibus</u> *et de re publica* habent.
Summo gaudio *libros* eorum <u>legi</u>. *Lingua Latina difficilis non est:* Iam **multo** dialogis cum **philosophis** *et*
magistris doctis intellego.
Stupebitis:
Maximam villam *novam habito.* **Portae** *nigrae et* **fenestrae** virides **sunt.** Haec **villa** *parentibus amici* est.
Claudiam, *filiam* eorum, cuius *imaginem* semper mecum *porto,* <u>valde</u> amo. ***Multos** dies* **sexta** *hora* cum ea
ad *ripam fluminis* **ambulo** *et* saepe *comoedias* in **theatro** *spectamus.*
Spectatores valde **plaudunt** *et* **magna** *voce clamant, quod iam* **plurimum** *vini* biberunt. **Theatrum** *certe*
antiquum est, sed *nihil plus* iuvat quam **spectacula** *iocosa videre.*
Heri *frustra* **amicam** **meam** *exspectavi; **locus** noster* **vacuus** erat *et* **quantum** in viis *accidit!* Subito Davus,
servus *patris,* **ad me miserum** *venit* et <u>mihi</u> **litteras** dedit: *Claudia laborat et venire non potest.* Sed ho*die* omnia
bona **sunt.**
Vita in Italia *dulcis est, amici!*
Valete, **Arminius.**

Hinweis:
Für Schüler, die kein Latein lernen, kann der Suchprozess gesteuert werden, indem je nach Lernabsicht
einige oder alle Wörter wie in obigem Text gemäß ihrer Zuordnung gekennzeichnet werden.
Die Schüler finden dann gezielt die abzuleitenden Wörter und erschließen so auch die Grundstruktur
des Textes.

6 Der Lehrer entscheidet über das Kontrollverfahren und die Nutzung des Lösungsblattes (S. 78).

D4 Blitzlichter – Expertenquiz

Nach der intensiven Bearbeitung des vorliegenden Materials können die Schüler ihr erworbenes Wissen
unter Beweis stellen. Das Arbeitsblatt D4 „Blitzlichter" bietet die Gelegenheit, Inhalte kurzer Textausschnitte,
auch in Sprachen, die in den Schulen gar nicht unterrichtet werden, zu erschließen.
Das Lösungsblatt ermöglicht dem Schüler die Selbstkontrolle (S. 79).

Was will die Übung?
„Blitzlichter" zielt in erster Linie auf die Neugierde der inzwischen projektgeschulten Schüler ab, authentische,
muttersprachliche Texte rezeptiv zu erschließen. Somit stellt „Blitzlichter" einen Höhepunkt für die Schüler dar,
das erworbene Wissen erfolgsorientiert anwenden zu können.
Des Weiteren impliziert die Übung das unmittelbare Feedback auf prozessorientiertes Lernen.

Was will die Übung nicht?
Wörtliche Übersetzungen sind nicht Ziel dieser Übung. Das Finale „Blitzlichter" sollte unbedingt in seiner
beabsichtigten spielerischen Funktion eines Quiz eingesetzt werden, nicht als Leistungsmessung.
Die Punkteverteilung ist in keiner Weise notenrelevant.

	Wortähnlichkeit	Stellung im Satz	Stellung und Wortähnlichkeit
Deutsch	(Familie)*	Sorgen	Wald
Französisch	la famille	soucis	forêt
Spanisch	la familia	(preocupaciónes)*	bosque
Englisch	(family)*	anxiety	forest
Latein	familia	curis (von cura)	silvam (von silva)[1]
Deutsch	uns	Junge	Bett[e]
Französisch	nous	garçon	lit
Spanisch	nosotros	niño	la cama
Englisch	us	boy	bed
Latein	nobis (von nos)	puer	lecto (von lectus)
Deutsch	arm(en)	[Ehe]frau	zwei
Französisch	pauvres	la femme	deux
Spanisch	pobres	la mujer	dos
Englisch	poor	wife	two
Latein	pauperes (von pauper)	uxori (von uxor)	duobus (von duo)
Deutsch	zwei	Mädchen	Brot
Französisch	deux	la fille	pain
Spanisch	dos	(niña)*	el pan
Englisch	two	girl	bread
Latein	duobus (von duo)	puella	panem (von panis)
Deutsch	für	Holzfäller	unsere
Französisch	pour	bûcheron	nos
Spanisch	para	leñador	nuestros[2] (m.)
Englisch	for	woodcutter	our
Latein	pro	silvarum caesor	nostros (von noster)

* bedeutet: *nicht im Text zu finden*

[1] Im Lateinischen ist zu beachten, dass sämtliche Nomen (Substantive, Adjektive, Numerale, Pronomen) in deklinierter Form im Satz erscheinen.
Deshalb stehen die Nominative (=Grundformen) noch einmal hinter den aus dem Text gezogenen Vokabeln.

[2] Im Spanischen, Französischen und Lateinischen bestimmt bei zwei oder mehr Substantiven/Personen das männliche Substantiv/Person das Geschlecht des Possessivpronomens.
Beispiel: unsere Freunde – ein Mann und zwei Frauen – nosotros amigos / – ausschließlich Frauen – nosotras amigas

3 | III Sagen, was man (nicht) gern tut

Französisch

	faire	du sport.
J'aime		de la musique.
Je n'aime pas		de l'athlétisme.
		des randonnées.
	jouer	de la guitare.
		de la flûte.
		à l'ordinateur.
		aux cartes.
	lire	des bandes dessinées.
	écouter	les CD de …
	écrire	des poésies.
	aller	au cinéma.
	aller voir	ma grand-mère.

Russisch

	заниматься	спортом.
Я люблю		музыкой.
Я не люблю		лёгкой атлетикой.
	гулять..	
	играть	на гитаре.
		на флейте.
		на компьютере.
		в карты.
	читать	комиксы.
	слушать	диски группы …
	писать	стихи.
	ходить	в кино.
	посещать	мою бабушку.

1 Den Inhalt eines unbekannten Textes in einer fremden Sprache
kann man erst nach mehrmaligem Lesen vollständig erschließen.
Dazu einige Tipps:

Vor dem Lesen

Mögliche Hilfen:
→ Einleitung, Bilder, Überschrift

Während des Lesens

Das erste Lesen des Textes:
Beantworten der Frage: Worum geht es in dem Text?

Mögliche Hilfen:
→ Überfliegen des Textes ohne Nachschlagen unbekannter Wörter
→ Signalwörter
→ Eigen- und Ortsnamen
→ Zahlen bzw. Daten
→ typographische Merkmale (Fettdruck, Absätze, Interpunktion, Groß- und Kleinschreibung u. a.)
→ W-Fragen

Das zweite Lesen des Textes

Mögliche Hilfen:
→ aufmerksames Lesen der Aufgabenstellung
→ Markieren von Informationen entsprechend der Aufgabenstellung

→ Erschließen der Bedeutung unbekannter Wörter im Text:
   – durch die Ähnlichkeit mit der Muttersprache
   – durch Internationalismen
   – durch bekannte Wörter aus anderen Sprachen
   – durch ein bekanntes Wort aus der Wortfamilie
   – durch den Kontext, in dem ein unbekanntes Wort auftaucht
   – durch Nutzung des Wörterverzeichnisses bzw. Wörterbuches

Nach dem Lesen

Möglichkeiten zur Darstellung von Ergebnissen:
→ Formulieren von Sätzen oder Stichpunkten
→ Anfertigen/Ausfüllen von Tabellen
→ Mind-Maps, Diagramme
→ Zusammenfassen des Textes

D

Den Durst löschen und zugleich den Körper mit wichtigen Vitaminen versorgen.

Mit 23% Orangensaft, 5% Karottensaft und 2% Zitronensaft.

Mit hohem Anteil an Vitamin C, Vitamin E und Provitamin A.

Der Verzehr von 100 ml VITAMINDRINK deckt 60% des Tagesbedarfs eines Erwachsenen an Provitamin A sowie Vitamin E und C ab.

Eben ein idealer Genuss für Aktive und Gesundheitsbewusste, zum Frühstück und zwischendurch.

Zutaten: Wasser, Zucker, Orangen-, Karotten-, Zitronensaftkonzentrat, Vitamin C und E, natürliches Aroma.

Vor dem Öffnen gut schütteln. Nach dem Öffnen gekühlt lagern.

FR / B

Désaltérez-vous et enrichissez votre corps de vitamines essentielles.

Avec 23% de jus d'oranges, 5% de jus de carottes et 2 % de jus de citrons.

Enrichi en vitamine C, vitamine E et provitamine A.

Un demi – verre (100 ml) de boisson multivitaminée couvre 60% de l'apport journalier recommandé en provitamine A, vitamine C et E (pour un adulte). Idéal pour des personnes actives et en pleine santé. Pour le petit déjeuner ou entre les repas.

Ingrédients: Eau, sucre, jus d'oranges et de carottes, jus concentré de citrons, vitamine C, vitamine E et arôme naturel.

Bien agiter avant l'emploi. A conserver au frais après ouverte.

NL / B

Les uw dorst en verzorggelijktijdik uw lichaam met belangrijke vitamines.

Met 23% sinaasappelsap, 5% wortelsap en 2% citroensap.

Verrijkt met vitamine C, vitamine E en provitamine A.

Een half glas (100ml) VITAMINDRANK voldoet bij een volwassene voor 60% aan de dagelijkse behoefte aan provitamine A evenals vitamine C en E. Het is eveneens een ideale drank voor actieve en gezondheidsbewuste mensen, voor bij het ontbijt of als tussendortje.

Ingrediënten: Water, suiker, sinaasappel- en wortelsap, geconcentreerd citroensap, vitamine C en E, natuurlijk aroma.

Vor gebruik goed schudden. Na openen gekoeld bewaren.

GB / IR

Quenches thirst and provides the body with important vitamins.

With 23% orange juice, 5% carrot juice und 2% lemon juice.

High vitamin C, vitamin E und vitamin A content.

The consumption of 100 ml Vitamindrink covers 60% of an adults recommended daily dose of provitamin A, vitamin E and C. An ideal drink for active and health conscious people, for breakfast and between.

Ingredients: Water, sugar, orange-juice, carrot-juice and lemon juice concentrate, vitamin mix: vitamin C and E, natural flavouring.

Shake before use. Once opened store in a cool dry place.

E

Quita la sed y aporta importantes vitaminas.

Contiene un 23% de zumo de naranja, 5% de zumo de zanahoria, 2% de zumo de limón y un alto porcentaje en vitamina C, viamina E y pro-vitamina A.

100 ml de ACE cubren el 60 % de las necesidades diarias de un adulto de pro-vitamina A, vitamina C y vitamina E.

Un placer refrescante para mantenerse saludable y activo, tanto a la hora del desayuno como de tentempié.

Ingredientes: Agua, azúcar, zumo concentrado de naranja, zanahoria de limón, vitaminas: vitaminas C y E, aromas naturales.

Agitar antes de abrir y una vez abierto, conservar en el frigorifico.

Blitzlichter – Expertenquiz D4

Sprachen alphabetisch	Buch-stabe	Land	Wofür wird geworben? (Name)	Lage Ort / Stadt	Nähere Informationen	Deine Punkte
Dänisch	F (1)	Dänemark (1)	Legoland (1)	keine Information	* Eröffnung 1968 * Miniaturen aus 20 Mill. Legosteinen * Schiffe in 15 Mill. Litern Fahrwasser * 12.000 Seemeilen jährlich (2)	(5)
Französisch	B (1)	Frankreich (1)	Luftfahrtmuseum Raumfahrtmuseum (1)	Flughafen Paris-Le Bourget (1)	* 18000 m² Ausstellungsfläche * mehr als 150 Flugzeugoriginale * militärische Geräte und Prototypen * Hubschrauber, Ariane 1 und 5 * Prototyp 001 der Concorde (3)	(7)
Italienisch	A (1)	Italien (1)	Hotel Villa Maria Schiefer Turm (1)	Pisa (1)	* antikes Hotel, familiäres Klima * 150 m vom schiefen Turm entfernt (1)	(5)
Polnisch	C (1)	Polen (1)	Touristeninformationsbüro (1)	Warschau (1)	* umfassende Information über Warschau * Infos zu Sehenswertem in ganz Polen * Infos zu Kultur, Sport, Wirtschaft in der Hauptstadt * Hotelreservierungen in Warschau * Landkarten, Informationsbroschüren etc. (3)	(7)
Spanisch	D (1)	Mallorca (1)	Hotel La Pérgola (1)	Cala Figuera Fischerstrand (1)	* 103 Zimmer * Restaurant und Bar * Schwimmbad * 2 Tennisplätze * Minigolf * Fernsehraum * Kinderspielplatz (4)	(8)
Tschechisch	E (1)	Tschechien (1)	Troja – Zoologischer u. Botanischer Garten (1)	Prag (1)	* Schlossgalerie * Zoo ganz in der Nähe * zu erreichen mit Bus * Endstation U-Bahn C (1)	(5)

Verwendete Literatur

Atze, Charlotte; Hoffmann; Nina; Wapenhans, Heike;
Wolter, Maja; Kirschbaum, Ernst-Georg:
    Dialog 1, Russisch für Anfänger;
    Volk und Wissen Verlag, Berlin 2000
Baumgart, Annette; Jänecke, Bianca: Russlandknigge;
    Oldenbourg Verlag, München 2000
Graham, Laurie: Handbuch der feinen englischen Art;
    dtv, München 1992
Heuer, Helmut (Hrsg.): Fit für England und Amerika:
    Interkulturelle Kommunikation; Dortmunder
    Konzepte zur Fremdsprachendidaktik, Bd. 4,
    Universitätsverlag Dr. N. Brockmeyer, Bochum 1996
Krefeld, Heinrich (Hrsg.): Res Romanae,
    Begleitbuch für die lateinische Lektüre,
    Neue Ausgabe; Cornelsen Verlag, Berlin 1997
Kusche, Lothar; Shaw, Elisabeth:
    Quer durch England in anderthalb Stunden;
    Aufbau Verlag Berlin und Weimar 1967
Lexikon der Alten Welt: Artemis Verlag,
    Zürich und München 1990
Löwe, Barbara: KulturSchock Russland;
    Reise Know-How Verlag, Bielefeld 1999
Morris, Desmond: Bodytalk. Körpersprache, Gesten und
    Gebärden; Wilhelm Heyne Verlag, München 1995
Meißner, Franz-Joseph:
    Wörterbuch der Umgangssprache Französisch.
    Wörterbuch des unkonventionellen Französisch;
    Langenscheidt Verlag, Berlin und München 1992
Ohff, Heinz: Gebrauchsanweisung für England;
    Piper Verlag, München 2001
Passet, Evelyn: KulturSchlüssel Frankreich;
    Max Hueber Verlag, München 1999
Störig, Hans Joachim: Abenteuer Sprache.
    Ein Streifzug durch die Sprachen der Erde.
    Humboldt-Taschenbuchverlag Jacobi KG,
    München 1992
Ürögdi, Georg: Das Leben im alten Rom;
    Lübbe Verlag, Bergisch Gladbach 1978
Wanning, Esther: Culture Shock! USA
    A Guide to Customs and Etiquette;
    Kuperard Ltd, London 1995
Watzlawick, Paul: Gebrauchsanweisung für Amerika;
    Piper Verlag, München 2002

Märchen
Для самых маленьких. Русские народные
    сказки. ЗАО «Омега», Москва 1998
Tolstoy, Alexei: The Enormous Turnip. San Diego,
    New York, London: Green Light Readers.
    Harcout Inc., 2003
Le Gros Navet.
    D'après Alexis Tolstoï et Niamh Sharkey.
    Texte français de Robert Giraud. Paris 1999
Märchen der Brüder Grimm.
    Der Kinderbuchverlag, Berlin 1985
My Treasury of Stories and Rhymes, edited by
    Nicola Baxter. Bookmart Limited 1994
Contes de Grimm.
    Librairie Gründ pour l'édition française.
    (Dépôt légale : juillet 1996). Edition originale:
    1995 par Brio, Prague
Grimm. Contes choisis.
    Éditions Gallimard 2004
Jacob y Wilhelm Grimm. Cuentos.
    Biblioteca juvenil. Alianza Editorial 2003
Nursery Tales. Ladybird Books
    Ldt Loughborough Leicestershire UK 1994
www.trinityes.org/NewSite/dunaway/hanselgretel

Bildnachweis:

S. 60 Annette Heilig, René Heilig, Volk und Wissen Bildarchiv, www.lego.com.

Trotz entsprechender Bemühungen gelang es nicht in allen Fällen, die Rechteinhaber ausfindig zu machen.
Gegen Nachweis der Rechte zahlt der Verlag für die Abdruckerlaubnis die gesetzlich geschuldete Vergütung.